ZERO DETTE

ZERO STRESS

Le bonheur d'avoir un avenir comblé d'amour et de richesse.

Une méthode pratique et efficace pour vous aider à sortir de l'endettement.

Paul Evens CHERY

Copyright © 2018 Paul Evens CHERY

Tous droits réservés.

ISBN : 9781980931645

TABLE DES MATIERES

Remerciements

Préface

PREMIÈRE PARTIE

Ma Situation Actuelle

Chapitre 1 - Une vie quotidienne erronée..13

Chapitre 2 - Ma rencontre avec l'ange..17

DEUXIÈME PARTIE

Sortir de L'ignorance

Chapitre 3 - La Dette..23

Chapitre 4 - Effet de levier..31

Chapitre 5 - Stress...35

Chapitre 6 - Stress financier..41

Chapitre 7 - Argent..47

Chapitre 8 - Amour..67

Chapitre 9 - Amitié..85

Chapitre 10 - Famille...97

Chapitre 11 - Procrastination……………………………………………………*103*

Chapitre 12 - Entrepreneuriat……………………………………………*115*

Chapitre 13 - Investissement………………………………………………*125*

TROISIÈME PARTIE

Les Quatre (4) Étapes Clés Pour Sortir De L'endettement

Chapitre 14 - Étape # 1 : Être en bonne santé……………………….*143*

Chapitre 15 - Étape # 2 : Trouver le Bonheur……………………..*151*

Chapitre 16 - Étape # 3 : Donner et recevoir………………………*169*

Chapitre 17 - Étape # 4 : Devenir Financièrement Libre………….*195*

REMERCIEMENTS

D'abord, je remercie Dieu qui m'a pris comme instrument pour apporter ce message. À ma chère épouse Feeding Adelson CHERY, pour son support moral durant l'écriture de ce livre. À mes parents pour leur sacrifice et pour m'avoir mis sur ce chemin. À mes sœurs pour leurs appuis. Et surtout à mon cousin Jean Charles pour sa contribution à ma formation universitaire.

PRÉFACE

Beaucoup de gens, les entreprises, les états croulent sous la dette. Aujourd'hui, le grand appareil de l'économie est automatisé par la dette. Nous vivons tous à crédit. Les dépenses des états sont réglées par des emprunts. La dette est devenue l'incontestable combustible de l'économie, et le moteur de la croissance mondiale. Nous sommes tous pris dans l'engrenage d'un engin économique qui fabrique jour après jour toujours plus de dette. Et cette machine s'est emballée, elle est devenue incertaine et la dette publique (la dette des états) explose.

La pression de la société, de la publicité influence nos besoins de posséder à tout prix. Vêtements de marque, les "I" de la pomme, la dernière console de jeux... "Achète maintenant et paie plus tard"; nous sommes donc des proies facile pour les compagnies de crédit et les commerçants.

Nombreux sont les gens à se laisser piéger par les effets de la publicité qui rendent les produits "indispensables" pour exister.

Et lorsque vous ne maitrisez pas la dynamique de vos dettes, c'est très difficile d'en sortir. À partir d'un certain niveau d'endettement, on est pris dans une spirale.

Pour rembourser la dette et les intérêts, on n'a pas d'autre choix que d'emprunter toujours plus.

Les jeunes s'endettent rarement pour des causes plus ou moins admissibles. Certains font exploser leurs factures de téléphones en exagérant sur les options de leurs forfaits; d'autres surchargent leurs cartes de crédit, souvent deux et même plus! Avec des achats spontanés; et plusieurs comptent sur la générosité de leur propriétaire en accumulant les paiements de loyer en retard. La gestion de leurs Finances n'est pas un privilège. Jusqu'à ce que les agences de recouvrement commencent à les appeler et à frapper à leur porte qu'ils saisissent la gravité de la situation, mais il est alors souvent trop tard.

L'accès facile au crédit encourage les jeunes acheteurs à procurer davantage à crédit et à s'endetter sans même s'en rendre compte. Un achat par-ci par-là se change prochainement en des dizaines de factures à crédit qui pèsent lourd sur leur relevé bancaire et sur leurs épaules. Les dettes à la consommation ont une mauvaise conséquence sur la qualité de vie en élevant le niveau de stress, d'angoisse et d'épisodes d'insomnie. Nombreux sont ceux qui se dirigent alors vers les antidépresseurs pour faire face à cette situation, et d'autres qui ne savent pas comment s'en sortir, désirent se suicider. Ces problèmes de santé physique et mentale dérivent de ce stress financier qui transforme la vie quotidienne en une illusion.

Avant les années 1960, l'usage crédit pour réaliser des achats habituels était un fait très rare. L'avis du public y était défavorable, car le crédit à la consommation était associé à une horrible administration des affaires personnelles. Aujourd'hui, les choses ont bien changé. Le crédit à la consommation fait désormais partie du mode de vie quotidienne. Grâce au crédit, on n'est pas forcé retarder l'accomplissement de certains désirs comme l'acquisition d'une voiture, par exemple.

Chaque jour, face aux événements de la vie, nous apprécions, nous endurons, notre inconscient perçoit des indications qui soulèvent des interrogations sur notre fonction dans la destinée. La tâche de notre inconscient, particulièrement par le biais du songe. Érigé de toutes pièces à partir d'un mot, d'une phrase, d'un personnage lié aux incidents que nous venons de vivre.

En Égypte, on appelait les bibliothèques « Le Trésor des remèdes de l'âme », parce qu'il guérissait le pire des maux : L'Ignorance.

L'ignorance est un état honteux, dangereux et la raison grave de cette ignorance est l'orgueil.

L'orgueil est un danger incessant. La connaissance se procure d'abord par le moyen de l'intellect humain et peut ainsi se graver plus ou moins dans notre mémoire. La connaissance peut s'appliquer à notre cœur et à notre conscience.

Mais si notre connaissance reste simplement sur une question d'intelligence, il reste sans aboutissement sur notre être interne et peut même aboutir à une sensation d'orgueil et une prétendue supériorité vis-à-vis des autres.

Beaucoup de personnes passent à côté d'opportunités, ne saisissent pas pleinement leur héritage et ne jouissent pas largement de l'amour et de la richesse parce qu'elles sont dépourvues de connaissance.

Quand nous ignorons une chose, nous ne pouvons bénéficier des bienfaits et avantages fournis par la connaissance de cette chose. L'individu qui sait qui il est, aura la puissance, la confiance et la fierté de faire face à n'importe quelle situation.

PAUL EVENS CHERY

Première partie

MA SITUATION ACTUELLE

CHAPITRE 1

UNE VIE QUOTIDIENNE ERRONÉE

Dmitri Selbant, vivait dans une petite ville en Russie. Il travaillait comme commis comptable dans une entreprise technologique, depuis déjà 5 ans. Ses parents vivaient à la campagne, mais pour se faciliter la tâche, il se louait un petit appartement au centre-ville pour mieux accéder à son emploi.

Il vivait très largement au-dessus de ses moyens, son salaire ne pouvait pas vraiment couvrir ses besoins de base. Il a tenté plusieurs demandes d'augmentation et de promotion, mais dommage sans succès.

Le taux de chômage dans la région était si élevé qu'il lui paraissait impossible d'envisager un changement d'emploi. En ce sens, Dmitri devrait faire avec. Afin de couvrir son déficit budgétaire, il lui a fallu de procurer des cartes de crédit chez plusieurs institutions financières de la ville. En fin de compte, il était devenu détenteur de six (6) cartes de crédit, qu'il lui était même devenu difficile de payer le minimum de ses cartes.

Dmitri se sentait troublé, bouleversé, il ne pouvait plus dormir la nuit, il réfléchissait constamment en vue de remédier la situation. Alors, il a résolu d'éliminer toutes ses dettes et remettre le compteur à zéro. De ce fait, Il décida d'aller voir Jason Cooper, le propriétaire d'une maison d'affaire de la zone pour lui demander un gros prêt. Cet homme était aussi reconnu comme étant membre de la mafia russe.

Ce matin-là, Selbant se réveillait avec un visage joyeux, le ciel azur s'étendait à perte de vue, les rayons du soleil réchauffait la terre et transformait les champs en mer d'orée, s'était bien le jour qu'il devrait rencontrer Cooper.

Donc, il se leva de son lit et alla prendre un bain, pas même envie de manger quoique ce soit, se réfugia de très bonne heure dans la maison d'affaire de Jason Cooper. Il était environ 7h 55 du matin, lorsqu'il arrivait, et à peine

Tony, le garde du corps de Mr Cooper allait procéder à l'ouverture de l'entreprise.

Selbant se rapprocha de Tony tout inquiétant – « *Bonjour monsieur* »

- *Bonjour monsieur, en quoi puis-je vous aider ?* » lui demanda-t-il avec un air brigand.

- *Mon nom c'est Dmitri, je voudrais bien rencontrer Mr Jason Cooper* ».

- *Aviez-vous rendez-vous avec Mr Cooper ?* » Tony

- *Non, mais je tiens certainement à le voir aujourd'hui* » répondit Dmitri.

- *Vous pouvez entrer et attendre ici* » exprima Tony.

Quelque minutes plus tard, Tony revient et lui dit – Je vous prie d'avancer, Mr Cooper vous attend dans son bureau ».

- *Bonjour Mr Cooper, je m'appelle Dmitri Selbant, C'est un grand honneur pour moi de m'accueillir dans votre bureau ce matin* » tout en souriant.

- Cooper lui répond, et dit, *assieds-toi, que puis-je faire pour toi?*

- Dmitri : *J'ai un petit problème d'argent. J'en ai parlé à un ami, et il m'a conseillé de venir vous voir pour que vous puissiez m'emprunter un peu.*

- Cooper : *Il faudra me verser chaque mois.*

- Dmitri : *Oui, c'est Ok.*

Cooper ouvre un tiroir de son bureau et remis l'argent à Dmitri après avoir signé une promesse de dette.

Dmitri prend l'argent, remercie Cooper, et parti. Évidemment, Dmitri va et paie toutes ses dettes.

Il paya Cooper chaque mois comme promis. Après cinq mois, il se sentait trop bien avec cette petite dette, il commençait à faire la fête avec ses amis plus souvent, tout comme avant. Et là, ses dépenses augmentent et ses économies commencent à étouffer.

Un jour sur la route pour le travail, Dmitri eut un accident et voici il est resté en coma pendant quelque jours.

CHAPITRE 2

MA RENCONTRE AVEC L'ANGE

- *Dmitri, Dmitri, Dmitri,* s'écrie une voix sombre.

Et soudain, Dmitri se réveille, et lui voilà au bord d'une rivière, au beau milieu d'un magnifique jardin de fleurs.

Lorsqu'il regarde derrière lui, il voit une belle créature vêtue de blanc, et une lumière qui brille sur elle et sur son visage.

- Elle dit : *Salut Dmitri.*

- Dmitri repond : *Qui es-tu? et où sommes-nous?*

- Avec un petit sourire aux lèvres, elle dit à Dmitri: *Mon nom c'est Vester, je suis l'ange de la Conscience Humaine. J'ai la mission d'apporter de la lumière à chaque personne vivant sur terre. Je t'ai toujours parlé tous les jours, mais tu n'as jamais donné de l'importance à ma parole, tu as toujours choisi ta ligne, tu choisis de faire ce que les autres te disent.*

- Dmitri : *mais non. C'est pour la première fois que je te vois.*

- Vester: *"Je suis dans la tête de tout être humain. Je te parle habituellement à travers ton subconscient pour clarifier pour toi quelque chose que tu ne comprends pas. Et parfois je te parle quand tu dors à travers des images pour t'expliquer certaines choses. Mais souvent tu les oublies, parce que tu donnes plus d'importance aux paroles des autres. Selon toi, que fais-tu ici?*

- Dmitri : *Je suis mort et maintenant je suis au paradis.*

- Vester rit, et dit : *tu n'es pas mort. J'ai déposé ton corps quelque part et t'emmène dans un autre monde, où les gens ne puissent te déranger afin que je puisse t'aider à comprendre certaines choses qui sont si importantes pour toi, qui vont te permettre de mieux vivre tout en étant sur la terre. Tu es né dans une famille pauvre, ton plus grand rêve était d'avoir une vie aisée et contribuer au bien-être de tes parents. Mais tes voies sont mauvaises. Ton père est mort et tu n'as rien fait pour lui. Et si tu continues ainsi, ta mère mourra dans la misère et toi aussi.*

Dmitri sourit et lui demanda: *Alors, vas-tu me rendre riche très rapide?*

- L'ange répond : *Un homme fidèle est comblé de bénédictions, mais celui qui a hâte de s'enrichir ne reste pas impuni. Ne te tourmente pas pour t'enrichir, n'y applique pas ton intelligence. Veux-tu poursuivre du regard ce qui va disparaitre ? Car la richesse se fait des ailes, et comme l'aigle, elle prend son vol vers les cieux. Je vais te donner les marches à suivre pour que tu puisses devenir riche et vivre heureux. Mais tu es libre de prendre un autre chemin. C'est pourquoi Dieu nous a créés avec un libre arbitre pour prendre les décisions que nous voulons. Elle demande à Dmitri, veux-tu commencer à apprendre?*

- Dmitri répond : *Oui, je suis prêt.*

- Vester : *Je t'ai déjà tout donné, tu les as écrit de ta propre main, mais s'était bien moi qui te dictais à travers ton subconscient.*

- Dmitri : *J'ai un cahier rempli de choses dépourvues de sens que j'ai écrit sans y réfléchir. Est-ce bien ça ?*

- Vester : *Oui, tu ne les as pas compris, parce que ce n'était pas tes propres mots. Va maintenant, lis-les, essaie de les comprendre et mettez-les en pratique et vous vivrez mieux.*

Deuxième partie

SORTIR DE L'IGNORANCE

CHAPITRE 3

LA DETTE

Le riche domine sur les pauvres, et celui qui emprunte est l'esclave de celui qui prête.

L'endettement indique une situation marquée par le cumul de dettes, sommes qu'une personne est tenue de rembourser.

L'endettement désigne une accumulation des emprunts d'argent non restitués. L'endettement peut engendrer un stress notamment fatal pour la santé chez le client. En outre, l'endettement peut aboutir à la coupure psychologique et à l'isolement social de quelqu'un. Également, les problèmes financiers joints à l'endettement sont habituellement une source de conflit, et même de séparation, dans les couples.

Le surendettement répond à une situation de fatalité financière qui bloque quelqu'un de faire face à l'ensemble de ses dettes. Cela se définit par l'impossibilité de couvrir à la fois ses dépenses quotidiennes et le paiement de ses dettes. De ce fait, vous n'aurez pas la possibilité de faire face ni à vos factures, ni à vos expirations de paiement et arrivez juste à subsister financièrement. On dit qu'il y a surendettement lorsque la situation se poursuit et termine par révéler impraticable.

Il n'y a rien de plus épuisant que de détenir des dettes. Pour optimiser sa situation Financière, il va falloir prendre ça très au sérieux, et agir vite, spécialement dans une phase de crise ou le taux de chômage augmente sans cesse. Il y a toujours une stratégie à mettre en place, cependant il ne faut pas attendre pour réagir.

En adoptant les bonnes règles et en s'habituant à bien administrer son budget, le surendettement n'est pas une calamité. Mais une assistance pour acquitter ses dettes est une prérogative.

Avant d'embrasser n'importe quelle manœuvre, Dresser tout d'abord le compte rendu de la situation. Faites une liste et ajoutez ce que vous empochez, vos décaisses mensuelles, et finalement, tout ce que vous devez et vos créanciers. Cela vous aidera premièrement d'avoir une vue d'ensemble qui vous permettra de déterminer la prochaine étape. Après, tentez d'enregistrer toutes les dépenses qui auraient survenu dans les prochains mois. En disposant une représentation des prochaines dépenses, vous pourrez plus naturellement préparer un programme d'aide pour rembourser vos dettes le plus rapidement possible.

Il faut d'abord réaliser un bilan de tout ce que l'on doit, pour pouvoir apprécier ses dispositions à payer dans les temps accordés. Et ériger un ordre de priorité dans le paiement s'il n'est pas facile de les considérer toutes d'un coup.

Vous allez devoir effectuer des coupes dans son budget, à moins d'obtenir des revenus exceptionnels. En conséquence, de même pour sa liste de dettes, il faut répertorier ses débourses mensuelles et voir celles desquelles on peut se découper. On peut également essayer de renégocier avec ses fournisseurs, afin de permuter d'assurance si elle est excessivement chère, revoir son plan téléphonique, réaliser des économies d'énergie, se séparer des dépenses inutiles.

Le budget vous permettra de mettre en évidences vos finances. Vous comprendrez combien vous recevez, combien vous avez à débourser et vous allez pouvoir arranger vos paiements en conséquence. Avec un budget, il est largement plus libre d'administrer son argent.

À présent que vous avez spécifié à qui et le montant que vous devez, prenez contact avec chacun de vos bailleurs et faites-leur comprendre la situation. Dans de nombreux cas, il vous suffit de faire diminuer vos mensualités ou de cesser pour une durée limitée le remboursement d'une dette. Parler avec vos créanciers vous aide dans un premier temps de générer une relation de confiance qui persuadera ces derniers de votre loyauté à l'égard de votre volonté de les payer, et ensuite vous aidera à découvrir ensemble une assistance pour rembourser vos dettes et un plan de répartition de vos remboursements.

Lorsque vous avez le contrôle de la situation, restructurez vos dépenses. Déterminez une somme mensuelle en voyant large pour vous assurer d'être dans les clous. De la sorte, si vous avez un peu d'argent en plus à la fin de la période, vous pourrez soit verser une plus forte somme sur une de vos dettes, ou l'épargner pour les moments rudes. Pareillement, éliminez les dépenses vaines. Chacune de ces petites épargnes vous aideront énormément à l'avenir.

Se limiter n'est pas toujours simple. Cependant il est impératif de poursuivre vos efforts dans le but de sortir de l'endettement. Révisez votre compte de temps à autre: consultez vos dépenses et comparez ces dernières avec le budget que vous aviez mis en place. Gardez le contact avec votre créancier de laquelle vous dépendez pour maintenir un bon rapport. Ça vous aidera de vous ressaisir et de voir certaines erreurs, mais également de sortir de l'endettement le plus tôt que possible.

Vous devez réagir rapidement, car les dettes vont s'augmenter et influencer vigoureusement la vie de famille. La principale chose à mettre en place c'est bien examiner avant d'accepter un crédit, et de ne pas écouter ses désirs.

Lorsque vous procurez quelque chose, demandez-vous si vous en avez réellement besoin et si vous pouvez payer cash. Arrêtez de payer par crédit car vous vous engloutirez davantage dans les dettes.

Entre l'acquisition d'un bien avec un crédit l'acquisition du même bien en un seul paiement comptant, les différenciations en parviennent à se mélanger au point que le prix d'un bien termine par être caché par le montant des paiements mensuels.

Un programme d'emprunt bien établi peut aider l'administration de vos dettes. Vous pouvez également les empêcher en gérant vos dépenses et votre épargne soigneusement. Néanmoins, vous passerez des périodes dans votre vie où vous devrez emprunter de l'argent. Donc, pourquoi ne pas examiner à la meilleure méthode d'emprunter intelligemment et à la meilleure manière de payer ces dettes d'une façon raisonnable et concrète.

Au départ, vous devez déterminer si vous voyez la chose dont vous empruntez comme une bonne ou une mauvaise dette. S'endetter pour un besoin ou pour quelque chose qui accroîtra de valeur avec le temps paraît toutefois convenable.

Vous devez savoir que l'acquisition d'un immeuble n'est pas en un piège dont vous ne pouvez pas vous débarrasser. Si vous achetez une maison dont les remboursements vous êtes appropriés, vous pourrez espérer que sa valeur accroît pour ultérieurement la vendre. Les bénéfices ainsi obtenus par cette affaire vous aideront à acheter une maison plus chère.

Le crédit est un outil utile et quelquefois indispensable. Cependant, le crédit prescrit des dettes qu'il est souvent rude de payer. Et le pire, le crédit crée une fausse sensation de bonheur qui peut emmener à des conditions de surendettement.

La maîtrise de soi ou le contrôle de soi est l'aptitude à contrôler ses émotions et à ne pas avancer sans précédemment examiner la situation. Quelqu'un qui n'est pas en mesure de procéder de la sorte, choisit donc une attitude spontanée. La spontanéité est un trait de caractère qui excite un individu à marcher sans s'interroger sur les aspects de l'action commise impulsivement. Si le contrôle de soi est primordial pour empêcher une condition de surendettement, il est clair que l'environnement socio-économique tant que les caractéristiques sociodémographiques d'un individu viennent également jouer sur sa fragilité face à cette situation.

L'endettement n'est pas toujours une mauvaise chose. On peut faire fortune avec des dettes, grâce à l'effet de levier dans l'immobilier, entre autres.

CHAPITRE 4

EFFET DE LEVIER

L'effet de levier indique l'occasion de recourir à un financement pour augmenter les bénéfices, en élevant ainsi les risques.

L'effet de levier désigne le fait pour une entreprise de recourir à l'endettement afin d'essayer d'améliorer le profit de ses capitaux propres. Il mesure l'intérêt de cette institution de solliciter des financements des autres, particulièrement sous la forme de crédit bancaire, compte tenu de la rentabilité actuelle de ses capitaux propres. Le but est que le résultat du projet financé soit supérieur au montant de financement de son projet. L'effet de levier est alors qualifié de positif. Si le coût du projet est supérieur à sa rentabilité, il vient ainsi défavoriser la rentabilité des capitaux propres.

L'effet de levier est utilisé pour indiquer un style quelconque ayant pour objectif de maximiser les profits, mais aussi les pertes.

L'emprunt aide à procurer des actifs ou d'investir avec un minimum de fonds propres.

Si le taux de rentabilité de l'actif est au-dessus du taux de crédit, l'effet de levier est positif. L'endettement permet ainsi d'accroître la rentabilité des capitaux propres.

Si le taux de rentabilité de l'actif est inférieur au taux du financement, l'effet de levier est négatif. Le coût de l'emprunt vient désavantager la rentabilité des fonds propres. On parle donc d'effet de massue ou de boomerang.

L'effet de levier permet d'augmenter les mouvements d'un marché, en mobilisant qu'une fraction du montant réel de votre investissement.

Pour calculer l'effet de levier, il vous suffit de connaitre deux variables : La valeur nominale de votre position et la couverture requise.

La valeur nominale de votre position correspond au montant réel investi sur le marché.

L'effet de levier vous fait ainsi bénéficier d'une surperformance par rapport au marché. En amplifiant ainsi les mouvements du marché, il convient de suivre vos positions avec précaution en privilégiant les stratégies sur le court terme.

En effet, si vos gains peuvent être importants en cas d'évolution défavorable du marché, vos pertes peuvent excéder votre investissement initial et vous devez alors réalimenter votre compte si vous souhaiter maintenir votre position.

L'effet de levier aide à mesurer l'importance de recourir à des financements bancaires ou auprès de tiers. C'est un outil vigoureux pour permettre aux détenteurs de capitaux d'obtenir des productivités financières élevées. Pourtant, plus le levier utilisé est sérieux, plus l'effet boomerang peut être dangereux.

CHAPITRE 5

STRESS

Notre rythme de vie est bien plus intense aujourd'hui qu'il y a quelques années. Personne ne peut éviter le stress et la tension au quotidien.

Dans notre société moderne placée sous le signe de la performance, le stress fait partie du quotidien de nombreuses personnes.

Qu'est-ce que le stress ?

Le stress est souvent défini comme l'incapacité à faire face à une situation déstabilisante, la plupart du temps parce qu'elle est nouvelle et qu'on ne sait pas comment l'appréhender. Dans le corps, tout un mécanisme se met alors en branle pour optimiser la vigilance et la concentration, pour vous permettre de vous adapter au mieux à cette nouvelle situation.

Le stress est un réflexe de sauvegarde naturelle de l'organisme face à une situation difficile. Pour faciliter la réaction, l'organisme produit de l'adrénaline qui augmente le rythme cardiaque, accélère la respiration et donne un regain d'énergie. Le stress peut être très utile dans une condition exigeant une réaction prompte ou un effort notamment important. Clairement, trop de stress n'est pas bon.

Le stress indique le dispositif psychologique mis en œuvre par le corps pour faire face à une condition principalement pénible. Il constitue aussi un ensemble de réflexes de l'organisme quand ceci est dominé à des contraintes. Le stress peut apparaître à partir d'une quelconque agression, que ce soit une infection, une pathologie organique, un symptôme retiré, ou une difficulté d'ordre psychiatrique.

Le stress peut attraper toute personne, de temps en temps ou quelquefois journellement transformant en un vrai handicap dans la vie quotidienne. Le stress répond à des réactions du corps naissant dès que l'organisme est en présence d'un changement de situation violente. L'organisme corps réagit contre ce qu'il perçoit une agression ou une contrainte. Chaque personne réagit de façon particulière et ajustée à un incident qu'il voit comme choquant. Le stress concorde généralement à des pressions provoquées par des combats propres non résolus.

Un stress prolongé peut mener à un épuisement psychologique et corporel. Le stress peut être une cause provoquant de diverses pathologies, comme par exemple les maladies cardio- vasculaires, l'eczéma, la migraine...

Le stress occasionné par le travail est la principale cause d'arrêt de maladie. Le terme de surmenage et de burn out est alors souvent employé.

Le stress provoque un déséquilibre du système nerveux : il incite le système nerveux hypotalamo-hypophysaire et surrénalien. Le stress peut être éphémère et apparaître de manière isolée. Le stress peut aussi se poursuivre de façon périodique et paralysé complètement la vie quotidienne.

Comment rester calme et détendu malgré le stress ?

L'organisation mondiale de la santé (OMS) produit des études sur le stress qui montre qu'il s'agit d'une question majeure valable sur tous les continents, qui est concerné en automatique le monde, l'ouvrier tout autant que le cadre, l'étudiant tout autant que les inactifs.

Chacun à son niveau présente des signes de fatigue et de tensions générées par le stress. Les dommages collatéraux peuvent être importants lorsque l'on vit avec une pression parfois quotidienne ou permanent. Tout le monde n'a peut-être pas la chance de pouvoir décompresser. Dans le milieu sportif aussi, on retrouve ce phénomène de pression et de stress, les causes en sont diverses.

Une vie trépidante remplie d'activités et obligations diverses et variées conduit souvent à une pression énorme, une vie professionnelle parfois ennuyeuses ou inexistantes, notre dépendance, nouveaux moyens de communication (Smartphones, internet, emails) n'encouragent pas systématiquement à la détente.

De nombreux experts conseillent vivement de réorganiser sa vie personnelle et professionnelle, lorsque le stress est trop important ou difficile à vivre. Mais nous savons que ceci n'est pas si simple au quotidien.

Certains spécialistes étudient depuis des années comment gérer efficacement le stress et ses effets en préconisant des micronutriments.

Ils constatent aujourd'hui, une hausse significative des patients développant un stress. Des patients se plaignent de maux comme un état d'agitation accrue, des troubles du sommeil persistant et une concentration affaiblie. Ces patients sont des personnes soumises à une forte pression dans leur vie professionnelle, comme les managers ou même les femmes au foyer.

Ils constatent aussi que les sportifs sont touchés par la pression qu'exerce le stress. En effet le stress contrarie la performance. C'est pourquoi ils mettent l'accent sur la prise des compléments alimentaires pour lutter contre le stress. Depuis plusieurs années, on obtient de très bons résultats avec l'aide de micronutriments.

Imaginons notre corps, et que chaque cellule de celui-ci est comme une centrale. Ainsi, cette centrale produit de l'énergie, mais pendant la production d'énergie, des toxines sont libérés et ces toxines sont appelés radicaux libres.

En temps normal, ces radicaux libres peuvent être très bien neutralisés, mais quand les machines tournent à plein régime constamment, la quantité de radicaux libres libérés devient si importante que le corps est incapable de les neutraliser seul et c'est à ce moment-là que le stress nous envahi et diminue voire limite nos performances.

Que pouvons-nous faire pour lutter contre ces effets négatifs ?

Nous pouvons fournir à notre corps des micronutriments en quantité suffisante, par exemple de la vitamine E, du sélénium, ainsi que des éléments végétaux très actifs comme la chlorophylle, le thé vert et surtout le resvératrol.

Le resvératrol est en fait une des substances anti oxydantes les plus fortes. Par unité de temps, il peut piéger une grande quantité de radicaux libres et ainsi réduire efficacement le stress.

Il est bon de capter les radicaux libres, mais nous avons besoin de micronutriments en plus pour relancer l'approvisionnement en énergie. On peut citer les vitamines b, la choline, la L-carnitine, le fer, ainsi que la coenzyme Q10 qui sont particulièrement importantes.

La Q10, fournisseur important d'énergie parce qu'elle soutient directement la mitochondrie, notre centrale. Les nutriments comme le fer entre autres, contribuent à assurer le transport de l'oxygène.

En ce qui concerne le mental et afin d'augmenter notre capacité de mémorisation et notre psychisme, nous avons besoin de vitamines B et de cholines qui sont importantes pour approvisionner nos cellules nerveuses en sucre.

Et si on prend régulièrement un mélange optimal à partir de ces micronutriments, on se sentira mieux dans son corps, mais aussi mieux dans sa tête. On sera plus en forme, on disposera d'une plus grande capacité de concentration et on se sentira moins stressé.

CHAPITRE 6

STRESS FINANCIER

Beaucoup d'entre nous cherche une quelconque liberté financière, mais dommage non seulement l'environnement où nous sommes ne nous soutient pas, les choix également que nous effectuons quotidiennement ne font qu'aggraver notre cas.

Avant d'atteindre la liberté financièrement, nous devons préalablement admettre que les liens qui nous contraint pour que nous puissions nous en défaire, quand nous préférons nous servir de notre argent à notre façon comme bon nous semble.

Actuellement dans le monde occidental, quand nous ne remboursons pas nos dettes, nous n'allons pas en taule physiquement. Cependant annuellement, une grande quantité de personne sont ruinés par les contrariétés, par les contraintes produites par l'accumulation de dettes.

Le stress financier se présente quand il y a accumulation de dettes ou quand notre faible à nos biens nous entraine pas mal de problème ou quand nous en faisons une utilisation précaire.

Le stress financier est en même temps un comportement et une situation ou une attitude qui est l'effet causé par l'utilisation exagérée de nos moyens.

C'est essentiel de savoir que nul n'est hors d'atteinte du stress financier. Le fortuné, parce que habituellement la prospérité emmène l'anxiété, l'incertitude de déposséder ce qu'on a. Ainsi que le nécessiteux, parce que l'insuffisance entraine aussi l'angoisse, le souci de l'avenir.

Le stress financier ou la dépendance financière est un comportement et un état qui dépend de notre choix d'administrer notre argent comme bon nous semble.

Quels sont les signes et les symptômes du stress financier ?

Le signe principal de stress financier ce sont nos dettes. Nous souffrons d'angoisse, d'insatisfaction et de chagrin quand nous sommes endettés ou que nous ne pouvons rembourser ne serait-ce qu'une simple facture. Normalement, nous nous endettons lorsque nous dépensons au-delà de ce que nous encaissons. Et l'une des raisons qui nous poussent à agir de la sorte est un manque de prévision, car un bon planning nous permettrait de voir et de se garder de certaines situations financières malsaines.

On s'endette quand on dépense au-delà de ce qu'on peut s'offrir et la seule façon de dépenser ce qu'on n'a pas c'est lorsqu'on emprunte. Ce n'est en conséquence pas un étonnement que le prêt soit un paramètre qui contribue au stress financier.

Un autre symptôme de stress financier c'est la crainte, si vous vous sentez trop dominés par le souci de perdre votre argent ou par la crainte de perdre votre travail, de perdre votre maison ou quelque chose d'autre.

L'envie d'être riche brusquement est au rendez-vous. C'est dans ce motif que chaque année un grand nombre d'individus se font absorber par tout type de fraude, dans leur poursuite de devenir riche trop vite. Cet état d'esprit nous conduit à nous endetter quelquefois abusivement et de considérer les autres de façon injuste.

Être frauduleux n'est pas uniquement tricher, pourtant c'est également ne pas être tout à fait intègre avec les autres. Une personne qui a une capacité à mentir ou à ne pas être tout à fait loyal quand il s'agit de ses finances, affiche déjà un symptôme de stress financier. Malheureusement, beaucoup de gens sont convaincus qu'on ne peut pas prospérer et être loyal à la fois. C'est également un des nombreuses mystifications que veut nous faire quoi la société. Si vous n'êtes pas fidèle dans les petites choses, vous ne serez pas fidèle dans les grandes choses.

L'envie est aussi un symptôme de stress financier. Vous vous sentez toujours insatiable de ce que vous possédez, vous voulez continuellement davantage, vous acquérez des choses sans tenir compte de leur rôle, vous voulez inlassablement avoir le modèle le plus récent, vous achetez sans raisonner.

Vouloir détenir quelque chose qui appartient à quelqu'un d'autre, vouloir tout ce que nous apercevons au magasin, vouloir tout ce qui nous est montré à travers les médias, la convoitise.

Quelles sont les causes du stress financier ?

Généralement, les causes du stress financier se rassemblent alentour des quatre facteurs suivants :

1) La carence d'argent
2) Les dépenses superflues
3) La fortune
4) L'ignorance

Quelles sont les solutions au stress financier ?

a- Gardez-vous du crédit à la consommation, car c'est la principale source de dettes et préférablement que vous arrêterez d'emprunter, le plus vite vous serez délivré de vos dettes.

b- Préparer un budget. Le budget vous aide à dépenser votre argent de manière calculée et stratégique. Il simplifie vos décisions quotidiennes et aide à mieux utiliser vos moyens financiers. Si vous devez beaucoup, votre budget sera plus désagréable au cours de l'époque de remboursement de la dette.

c- Dresser un programme de paiement. Appelez vos créanciers pour renégocier votre prêt.

d- Mettre fin à la domination du matérialisme en donnant aux nécessiteux.

CHAPITRE 7

ARGENT

La première hypothèse sur l'apparition de l'argent est que celui-ci a été conçu pour simplifier les échanges commerciaux. Bien sûr, il n'était pas toujours certain d'échanger une vache contre un champ de blé. Pas très efficace et un peu gênant, les pièces de monnaie ont certainement facilité les choses.

On peut ainsi dire que l'argent a deux rôles avec cette hypothèse. Son rôle principal est d'aider à estimer un produit, un service. On détermine une valeur à un produit, et on interprète cette valeur en argent.

Sa deuxième fonction est de faciliter les échanges. Dans le monde moderne, on n'échange plus des vaches contre des moissonnes, mais notre temps et nos connaissances. La majorité du temps, vous allez percevoir une rémunération en échange du temps que vous aurez passé à placer vos connaissances au service de votre embaucheur ou de vos clients.

L'argent facile n'existe pas. L'argent intelligent existe. L'argent domine notre société, c'est une réalité. L'homme a besoin de l'argent pour échanger et pour acheter. L'argent est une conception très attirante et s'il y a bien une chose que j'ai comprise, c'est que l'argent peut être occasion de malheur comme de bien-être.

L'argent n'est pas mauvais, c'est l'amour de l'argent qui est mauvais. Il faut considérer l'argent de façon mathématique sans y porter de l'émotionnel (c'est ça qui permet de commander l'argent).

L'argent en soi n'a pas de valeur, ce qui importe c'est ce qu'on en fait.

L'argent permet bien de se nourrir, se loger, sortir, voyager, se vêtir, s'instruire, se soigner. Et pourtant avec seulement l'argent on peut passer nettement à coté de plein d'autres choses formidables tout en étant sur terre, tout comme se faire des amis, séduire une personne, avoir confiance en soi, être créatif, accroître ses performances (mentales ou physiques), développer sa spiritualité, apprécier un paysage, etc..

Ce sont ces choses qui vous rassasieront et qui vous rendront épanoui.

En résumé, on peut dire que l'argent est un instrument qui nous permet de faire des remerciements.

D'où vient l'argent ?

Il faut repérer deux bornages à propos de l'entendement du système financier présentement :

L'argent est un thème intouchable que l'on ne remet pas en question couramment.

L'argent n'est pas enseigné ni à l'école, ni plus tard. C'est une idée généralement obscure pour la majorité des gens qui n'ont pas assisté à des formations en économie. En conséquence, on ne remet pas en question ce que l'on n'appréhende pas.

Peu de gens savent que ce n'est plus l'administration publique qui produit la plupart de l'argent (la banque nationale ou l'agence fédérale crée encore la monnaie cependant pas l'argent électronique).

Par ailleurs ce qu'encore peu de gens savent c'est que les banques produit l'argent qu'elle prête, elles ne le possèdent pas. D'autres types d'argent sont envisageables et peuvent amplifier l'économie mais notamment progresser le pouvoir d'achat de la population.

Au départ, uniquement le troc permettait les échanges. Également maintenant en Afrique le troc a une très grande importance tant au niveau individuel qu'en inter entreprise. La difficulté du troc : il est très restrictif car il faut repérer l'individu qui est intéressée d'échanger ce que vous avez à offrir et qui de plus a justement ce que vous recherchez.

Tout au cours de l'histoire et à travers le monde toutes sortes de choses sont utilisées comme monnaie, comme perle, fève de cacao, coquillage, sel, ambre, ivoire, pierres, plumes, tabac, etc... Certaines choses sont adoptées comme monnaie parce qu'elles sont portatives, d'autres parce qu'elles ont une valeur décorative et d'autres encore parce qu'elles peuvent être consommées. Toutes elles sont reconnues comme un moyen d'échange acceptable ou comme un moyen de régler ses dettes.

C'est ainsi que naît l'ancêtre de l'argent qui permet l'échange entre les personnes en utilisant un "pour valeur" admis et reconnu comme tel par une communauté. "Ton veau vaut 100 coquillages et bien avec ces 100 coquillages tu pourras acheter des oeufs, une charrue et des poulets pour le mariage de ta sœur". C'est ainsi que naît cette fantastique mais naturelle invention qu'est l'argent, VECTEUR D'ECHANGE entre les hommes. Il est à la base de la structure des sociétés et sans lui aucune civilisation n'aurait pu émerger.

En Mésopotamie, les premières écritures cunéiformes, sur des tablettes d'argile, ont été des écritures comptables. Un système de gestion administrative des dettes et des créances s'est développé. Il était basé sur la comparaison de la valeur des produits échangés avec des "valeurs-étalons" connues de tous (quantité donnée de céréales, d'or, ou d'argent). En Egypte et en Mésopotamie, la monnaie scripturaire a existé bien avant la monnaie fiduciaire (plusieurs milliers d'années). Mais avec l'intensification et la diversification des échanges, cela a nécessité une administration pléthorique et par conséquent une fiscalité bien trop lourde. Il a donc fallu simplifier : trouver le moyen de solder une dette par un moyen simple et fiable : la monnaie "fiduciaire". Parenthèse étymologique : «crédit» vient du latin credere = croire, avoir confiance ; «débit» vient du latin debitus = ce qui est dû, dette ; dans la même veine, «fiduciaire» vient du latin fiducia, ae = la confiance.

Un étalon s'est imposé dans chaque groupe humain : coquillages, petits objets d'art, minéraux ou petits lingots de métal plus ou moins précieux ou des biens d'usage courant, comme le sel qui servit à payer les légionnaires romains (c'est l'origine du mot salaire). Des objets symboliques furent aussi employés, telles les « monnaies-haches » de la fin de l'âge du bronze découvertes en Bretagne.

Au XIVe siècle, chez les Aztèques, la fève de cacao était un moyen d'échange reconnu dans toute la Mésoamérique. Un esclave vaut alors 100 fèves, les faveurs d'une courtisane : 80 fèves et un lapin : 10 fèves. L'aumône à un mendiant s'élève à 3 ou 4 fèves. En fait, la valeur de la monnaie n'est pas égale à la valeur marchande des fèves.

Dans certains pays, il fallut attendre le XXe siècle pour voir disparaître ces formes primitives de monnaie. Ce fut notamment le cas des manilles (anneaux d'esclave) ou des coquillages dans certaines régions d'Afrique. Les coquilles kauris (ou cauris) ont été utilisées en Chine Ve siècle ap. J.-C. en Inde, puis dans tout le Pacifique. On en retrouve au début du XIVe siècle aux Maldives, d'où les commerçants arabes les ont exportés vers la côte est de l'Afrique. Elles transitent ensuite par le Soudan jusqu'en Guinée, puis vers la Mauritanie et jusqu'aux Berbères de l'Atlas. Jusqu'au XIXe siècle, les valeurs-kauri se sont étendues avant tout en Afrique de l'Est, particulièrement à Zanzibar et en Éthiopie. Après 1870, les gouvernements des colonies ont cherché à interdire les kauris en tant que monnaie. Mais les hommes y étaient habitués et les utilisaient toujours comme « menue mo nnaie ». Ce n'est qu'en 1955 que les valeurs-kauri devinrent presque totalement hors d'usage.

Dans la Grèce antique la monnaie se répand rapidement à partir du 8ième siècle avant JC. Selon Hérodote les Lydiens (actuelle Turquie) sont les premiers à concevoir des pièces de monnaie en argent et en or. L'usage de ce genre de pièce se répand ensuite dans toute la Grèce et chaque cité commence à frapper ses propres pièces. En Grèce, principalement en argent, les pièces sont d'un poids rigoureusement identique. Ensuite le bronze permet les échanges quotidiens de faibles valeurs. La monnaie métallique est un étalon de valeur : les métaux sont divisibles au poids. Il est donc possible de faire coïncider la valeur des pièces à leur poids, ce qui facilite les échanges et le commerce

Alexandre le Grand (-356 av JC) se réserve le droit de battre monnaie. Très vite il créé une monnaie unique dite impériale. La drachme nouvelle se répand partout. («l'électrum » sorte d'or blanc naturel était en effet rejeté par les fleuves qui se croisait à Sarde capitale de la Lydie. Crésus (-550 av JC) aurait été le premier à frapper des monnaies d'or et d'argent purs. L'élément important fut l'apposition d'une marque ou poinçon par une institution garantissant la valeur d'échange de la pièce. Dès -450 av JC on retrouve l'usage de la monnaie à Marseille.

Précédemment en Chine furent frappées des monnaies sous la forme d'outils miniature (couteaux, bêches ;..). Ce n'est qu'au III siècle Av-JC que l'empereur Shi Huangdi fit frapper des pièces rondes percées d'un trou carré en son milieu.

C'est à Rome, au IIIe siècle avant Jésus-Christ qu'entra en activité un premier atelier monétaire. Il était installé sur le Capitole, à proximité du temple de Junon « Moneta ». En d'autres temps, les oies gardées près du temple avaient prévenu les Romains d'une attaque nocturne des Gaulois, ce qui avait valu à la déesse Junon le qualificatif de Moneta (avertisseuse), terme dont sont dérivés les mots monnaie, moneda, money...

Les premières monnaies métalliques romaines (aes ou as) étaient de petits lingots de bronze ornés d'un bœuf. Elles furent remplacées par les sesterces. Le denier (denarius ou pièce de dix), frappé en argent, fut la première pièce à porter une valeur inscrite sous la forme d'un X, pour 10 as.

Puis, au début de notre ère, Auguste réorganisa le système monétaire sur le principe du trimétallisme. L'aureus pèse environ 8 g d'or, sa parité avec le denier d'argent est fixée à 1/25e. Le denier lui-même équivaut à 4 sesterces de bronze.

Avec le développement de l'Empire, le système monétaire romain s'impose largement. Monnaies d'échange, les pièces deviennent aussi des instruments de propagande à la gloire de l'empereur. L'instabilité politique et la décadence de l'Empire s'accompagnent d'une dégradation de la monnaie. De même, la raréfaction progressive de l'argent entraîne une rupture des parités et une perte de confiance dans la valeur respective des pièces. Pour enrayer ce mouvement, Constantin Ier, en même temps qu'il réorganise l'Empire, impose le monométallisme et met en circulation une nouvelle pièce d'or conçue pour durer et servir de référence : le solidus (massif, en latin). Les premiers solidus sont frappés à Trèves, en Rhénanie, en l'an 310.

Après la chute de l'Empire romain d'Occident, l'usage de cette monnaie se perpétue encore longtemps à Byzance. En Occident, même si sa circulation se réduit plus rapidement, il continue à jouer un rôle d'unité de compte pendant près d'un millénaire. Francisé en sol ou sou, le terme a traversé les siècles ; il a aussi donné « solde » et « soldat ».

L'or provenait principalement de la Méditerranée, en particulier des monnaies de l'Empire byzantin, le nomisma, puis le besant. Mais vers 650, la géographie économique et monétaire se modifiait au profit du Nord, d'où venaient les « sceattas », des monnaies d'argent anglo-saxonnes et frisonnes (actuels Pays-Bas). En outre, l'or se fait plus rare et plus cher après la chute de l'Afrique byzantine et la prise de Carthage.

Vers 675, en Gaule, le sou d'or est complété, puis remplacé par une pièce d'argent, le denier, du nom de l'ancienne monnaie romaine d'argent. Douze deniers font un sou. Les pièces sont produites un peu partout et revêtent de multiples aspects.

En 692, le calife Abd al-Malik de Damas introduit le dinar d'or dans le monde musulman. Il s'imposera comme la monnaie de référence dans toute la Méditerranée et même au-delà pendant des siècles.

Les réformes monétaires byzantines et arabes, le succès des monnaies anglo-frisonnes, l'exploitation de nouveaux gisements argentifères et des circonstances politiques internes pérennisent l'adoption de l'étalon argent sous l'égide des Carolingiens. Charlemagne, faute d'approvisionnement suffisant en or, se résigne à mettre en circulation une nouvelle monnaie de référ ence, le denier d'argent (de 1,36 g à 1,80 g d'argent). En prescrivant de tailler 240 deniers dans une livre d'argent, Charlemagne jette les bases d'un système monétaire et comptable qui persistera, en France jusqu'à la Révolution : 1 livre = 20 sous ou 240 deniers, et un sou = 12 deniers et au Royaume-Uni jusqu'en 1971. En outre, est frappée une division du denier, l'obole d'argent, qui correspond à sa moitié.

Dans la grande période d'expansion économique du Moyen Âge réapparaissent aussi les pièces d'or. La première est le florin de Florence en 1252, suivi par le ducat de Venise. Saint Louis crée le « tournois » d'argent et l'écu, d'une valeur de 10 sous tournois.

La première monnaie internationale des temps modernes a été frappée en Autriche. En 1750, pour renouer avec le succès du Reichsthaler de l'empereur Ferdinand Ier (1559), l'impératrice Marie-Thérèse de Habsbourg fait frapper un thaler en or à son effigie. Le Maria Theresien Thaler (MTT) va très vite devenir une monnaie internationale très prisée dans les colonies espagnoles et anglaises d'Amérique, et jusqu'en Afrique orientale. Après la mort de la souveraine, en 1780, elle continuera d'être frappée avec la date de 1780.

Le mot dollar est lui-même une déformation du mot thaler, la monnaie de Marie-Thérèse ayant été la première utilisée par les planteurs d'Amérique du Nord..

Alors que la monnaie représente déjà une certaine quantité de biens, qu'on ne pourrait pas manipuler aussi facilement, l'étape suivante est la mise en place d'une monnaie de second niveau, qui elle-même représente une grande quantité de monnaie métallique laissée en dépôt en lieu sûr. Ainsi apparaît la monnaie papier (le billet de banque, connu en Chine dès le VIIIe siècle), qui ne représente originellement qu'une dette payable à vue sous forme de métal ou d'autres biens. La lettre de change, inventée par les marchands italiens, est une des premières voies de substitution du papier au métal.

En Chine, les premiers billets de banque circulaient déjà sous la dynastie Tang (618-907). Le numéraire officiel était constitué de pièces en fer très lourdes et de peu de valeur. Au lieu de transporter avec soi ces pièces encombrantes, on les déposait chez des commerçants contre remise d'une lettre de change, qui se substitua bientôt aux pièces comme instrument de paiement.

Les Chinois appelaient cette nouvelle monnaie "la monnaie volante" parce qu'elle était très légère et qu'ils pouvaient y recourir facilement en toutes circonstances.

Au début du XIe siècle, des commerçants chinois s'unirent pour émettre des billets d'une valeur fixe, les Jiao Zi, imprimés sur des planches en bois avec des encres vermillon et noire. Chaque billet était unique et pourvu d'un numéro propre afin d'empêcher les contrefaçons.

Mais l'introduction des premiers billets souleva bien des problèmes, car les commerçants en faisaient parfois imprimer plus qu'ils n'avaient de pièces de monnaie dans leurs réserves. La dynastie Song fut finalement contrainte de contrôler l'émission des billets Jiao Zi.

En l'an 1168, un moulin à papier, propriété du gouvernement, commença à fabriquer, à partir de l'écorce grise du mûrier, le papier sur lequel on imprimait les billets.

Au XIIIe siècle, l'écorce de mûrier fut remplacée par la soie. Lorsque Marco Polo rentra de son périple en Chine et qu'il parla de la monnaie de papier des Chinois, les

Européens ne voulurent pas le croire : ils ne pouvaient s'imaginer une monnaie sans valeur "matérielle".

Au fil des siècles, la décoration des billets se fit de plus en plus sophistiquée. Le billet de banque chinois n'est pas seulement pourvu d'une bordure très ornementée, il porte aussi sa valeur en chapelets de pièces de monnaie.

En dépit de maintes contrefaçons, lesquelles étaient punies de la peine de mort, la monnaie de papier demeura un instrument de paiement apprécié des Chinois. Les souverains de la dynastie Ming (1368-1644) interdirent même complètement, pendant une centaine d'année, le numéraire métallique.

Sceptiques, les Européens considéraient la monnaie de papier, jusqu'à une époque avancée, comme une curiosité exotique.

Son introduction en Suède, au XVIIe siècle, ne suffit pas à améliorer sa réputation, car elle conduisit à l'inflation et au scandale. En Allemagne, chaque tentative d'introduction de monnaie de papier souleva des ouragans d'indignation.

Quand, en 1661, la Suède connut sa première pénurie d'argent-métal, et que, de surcroît, en raison de la dévalorisation de la monnaie de cuivre, l'économie fut ravagée par l'inflation, le Hollandais Johann Palmstruck fut accueilli comme le sauveur de la nation en détresse. Il proposa d'instaurer des lettres de change et fonda la première banque suédoise (Banque de Stockholm) qui émit les premiers "certificats", le 16 juillet 1661.

Les coupures étaient numérotées à la main et portaient la signature des collaborateurs de la banque. Cela ne les empêcha pas d'être souvent imitées et la banque se vit contrainte d'introduire trois nouvelles marques de sécurité: un papier à filigrane, onze tampons différents ainsi que des ornementations compliquées sur les bords.

En 1745, la Suède adopta les billets de banque comme monnaie officielle. D'autres pays d'Europe se laissèrent bientôt convaincre par le papier-monnaie, qui obtint sa juste place dans le système monétaire.

Originaire de Venise, Marco Polo, qui vécut à la cour du souverain chinois Kublai Khan à la fin du XIIIe siècle, rapporte: "Tous ces morceaux de papier sont imprimés avec le même sérieux et la même solennité que s'il s'agissait de frapper de l'or ou de l'argent purs. Chaque exemplaire doit être signé et tamponné par de nombreux fonctionnaires. Année après année, le Khan fait imprimer du papier monnaie dans une quantité si impressionnante que celle-ci doit probablement correspondre à la valeur de tous les trésors de cette terre".

En 1661, le banquier Johann Palmstruck introduisit le billet de banque en Europe. Lorsque l'argent-métal vint à manquer en Suède, il fit imprimer des billets. Cependant, Palmstruck ne résista pas à la tentation de mettre en circulation davantage de billets que ce que sa banque pouvait rembourser. Cela la mena droit à la faillite, en 1668. Elle fut monopolisée par l'état et Palmstruck fut condamné à la peine capitale. Mais, grâce à l'intervention du roi, il eut la vie sauve.

On peut distinguer plusieurs étapes dans l'évolution historique qui a conduit de la monnaie métallique à la monnaie fiduciaire que nous connaissons aujourd'hui :

1) Le bimétallisme (jusqu' au XIXe siècle) : toutes les monnaies sont définies à la fois par rapport à l'or et par rapport à l'argent (métal). Chaque État, en fonction de ses disponibilités métalliques, utilise préférentiellement l'un ou l'autre métal, et se sert de l'autre comme appoint. Les pièces d'or et d'argent notamment, de par leur valeur intrinsèque, circulent fréquemment en dehors de leur pays d'origine. Les découvertes minières et les évolutions financières dans une économie largement mondialisée à l'époque font fluctuer les proportions entre les deux métaux, et le développement de la monnaie papier et du crédit permettent de limiter les besoins de métal, et de supprimer l'argent-métal comme étalon.
2) L'étalon-or « classique » (jusqu'en 1914) : toutes les monnaies sont définies par rapport à l'or. La monnaie-papier est un substitut à l'or (une once d'or équivaut à 20 dollars, 4 livres britanniques,

etc.). Les taux de conversion de chaque monnaie en or, et donc entre elles, sont fixes. Cela assure la stabilité de la monnaie et empêche une inflation provoquée artificiellement par une augmentation de la masse monétaire (procédé auquel les États auront constamment recours par la suite).

En 1865, est créée l'Union monétaire latine, une convention monétaire entre la Belgique, la France, l'Italie et la Suisse, convention à laquelle adhère la Grèce en 1868. Cette convention est restée en vigueur, moyennant plusieurs aménagements, jusqu'au 1ermodule, titre, poids) qui avaient ainsi une circulation transfrontalière. Elle avait pour but d'harmoniser les monnaies de ces pays.

3) L'étalon de change-or (1914-1971) : il s'agit d'un système mixte par lequel certains pays veulent conserver les avantages de l'étalon-or, alors que d'autres veulent se garder la latitude (via la « planche à billets ») d'avoir des taux de change variables. Ce système va devenir caduc en quelques décennies :

Première Guerre mondiale : en raison du coût de la guerre toutes les monnaies européennes sont fortement dévaluées par rapport à l'or.

1922 : conférence de Gênes. Un nouvel ordre monétaire est mis en place où seuls les États-Unis conservent l'étalon-

or classique. Le dollar repose sur l'or, la livre britannique sur le dollar et les autres monnaies européennes sur la livre britannique.

1931 : le Royaume-Uni, conduit à augmenter sa masse monétaire, abandonne le système de change-or.

1934 : le dollar est défini comme 1/35 d'once d'or. Les citoyens états-uniens n'ont pas le droit de posséder de l'or.

1944 : accords de Bretton Woods : le système monétaire repose sur le dollar, seule monnaie encore ancrée à l'or.

1971 : sous Nixon, les États-Unis, ne pouvant plus maintenir le prix de l'or à 35 dollars l'once ni éviter une dévaluation du dollar, abandonnent l'étalon-or.

4) Le régime des changes flottants (à partir de mars 1973) : après l'abandon des accords de Bretton Woods, les monnaies varient entre elles librement, suivant l'offre et la demande, et donc en principe selon la quantité de crédit émise par chaque pays (une politique monétaire laxiste est « punie » par une baisse de la valeur de la monnaie locale par rapport aux autres devises). Il n'y a plus de contrepartie métallique à la monnaie émise, seulement de la dette.

Résumé des différents types de monnaies

    a- La monnaie métallique

La monnaie métallique est également un outil d'épargne : les métaux précieux peuvent être gardés dans un coffre, sous un matelas, dans une cachette sans qu'ils perdent beaucoup de valeur, ils peuvent même en prendre. Ils peuvent être refondus pour battre d'autres monnaies donc ils ne perdent jamais leur valeur qui est intrinsèque. L'obstacle de la monnaie métallique c'est qu'elle est attachée à la quantité de métal précieux disponible.

b- La monnaie fiduciaire

La monnaie fiduciaire rassemble les billets de banque répandue par la banque centrale et les pièces répandues par le Trésor. Le concept "monnaie fiduciaire" fait référence à la provenance des billets de banque. Les billets n'avaient de force que si la banque centrale avait sa contrepartie en or. Monnaie fiduciaire est une monnaie créée sur la confiance octroyée à l'économie d'un pays. Actuellement, une banque centrale d'un pays peut émettre des billets sans en posséder la contrepartie en or. La valeur d'une monnaie est fixée par la confiance qu'on lui concède et qu'on octroie au pays. Les premiers billets de banque naissent en Suède vers 1660 après JC. La monnaie fiduciaire est l'ensemble de la monnaie émise par un état sous la forme de pièce ou de billet, cependant que ces pièces et ces billets indiquent une valeur transcendante à leur valeur réelle.

c- La monnaie scripturale

La monnaie scripturale n'est pas concrétisée par un outil matériel comme les pièces ou les billets. La monnaie scripturale est concrétisée par une écriture comptable sur un chèque ou un compte en banque. La monnaie scripturale est celle qui s'aperçoive sur les comptes bancaires et qui se bouge grâce aux flux (mouvements, échanges) monétaires.

Cette monnaie est imperceptible mais elle se réalise par des écritures bancaires, au bas d'un état de compte en banque, sur un chèque à encaisser, dans les livres de comptes de la banque.

Elle se réalise également à travers les cartes bancaires, des cartes de caractère porte-monnaie électroniques ; La monnaie scripturale appréhende :

Les chèques

Le chèque est un écrit par lequel le titulaire d'un compte de dépôt demande à sa banque de payer une somme à une autre personne. Le chèque est valable 1 an plus 8 jours. Les chèques ne sont pas payables en espèces, pour en recevoir le montant il faut disposer d'un compte.

Les virements

Cette opération permet à une personne de transférer une somme d'argent d'un compte vers un autre compte.

Les télépaiements

C'est l'ensemble des moyens de paiement à distance à partir du téléphone ou Internet.

Les mandats

Le mandat est un moyen de paiement géré par La Poste, il permet de faire parvenir une somme d'argent à une autre personne.

Les cartes

Il existe différents types de cartes. Elles sont émises par des établissements bancaires ou des réseaux commerciaux. Elles permettent de faire des retraits d'argent, de faire des achats chez un commerçant ou de bénéficier d'un crédit.

Les cartes porte-monnaie électronique. Elles permettent d'effectuer des achats de petits montants chez les commerçants et sur certains automates. Elles se rechargent sur des bornes ou directement chez les commerçants.

Les cartes de paiement. Il s'agit de cartes bancaires ou de cartes comme les cartes de crédit Visa-Eurocard-Mastercard. Elles peuvent être nationales ou internationales.

CHAPITRE 8

AMOUR

L'amour est un secret pour ceux qui l'expérimentent, une énigme pour ceux qui l'observent. Nous remarquons, mais nous n'appréhendons pas. Ce qui nous attache à l'autre est indéfinissable. Aimer vraiment, c'est avoir quelqu'un d'autre dans sa vie, non pas seulement pour son apparence, ni pour ce qu'il caractérise, mais pour son mystère. Ce mystère que nous ne savons pas interpeller, et qui va rejoindre le nôtre.

Eh bien, l'amour, c'est la confrontation de deux lésions, de deux fissures, la répartition avec quelqu'un de ce qui nous manque absolument et que l'on ne pourra nullement exprimer.

Le véritable amour n'est pas un pacte d'affaires, c'est une sensation agressive qui fait courir un danger aux deux collaborateurs.

Aimer, c'est avoir envie de l'autre. L'amour peut être désigné par une émotion intense poussant l'individu qui la ressent à poursuivre une approche avec la personne aimée. Évidemment, l'intensité varie en fonction de chacun, c'est à dire faible, forte ou encore obsessionnelle, et ainsi difficilement maîtrisable. L'amour originel se ressort par de divers indices qui ne trompent pas, tels que des pulsations, la gorge qui se noue, les mains qui soient moites, ou aussi un bonheur continu qui nous encombre à l'esprit ou à la vue de cet être désiré. C'est en d'autres termes grâce à ça qu'il est possible de réaliser la différenciation entre l'amour et l'amitié.

Pour être capable de plaire, il faut donc avoir eu le charme. Pour nous sentir admis à séduire, nous avons besoin d'un attention qui personnalise, qui nous fait croire que nous sommes extraordinaire.

La séduction ne prend que sur de le sentiment réciproque, qui a besoin de montrer une part de nous-même dont la plupart d'entre n'avons même pas idée fixe. Il ne s'agit pas de divulguer nos déficiences, mais de dévoiler notre élégance. Sans cette affluence d'émotions, on peut provoquer l'affection, occasionner l'extase également, ou l'attachement, le désir d'être ami, cependant il ne pourrait y avoir d'accouchement de l'aspect amoureux.

La séduction se cache dans notre précédent. Tout le monde peut séduire dès lors qu'on expose la part de soi qui n'est pas très loin de notre authenticité, proche de cette célèbre énigme.

Créer une sensation, c'est en réalité se livrer. Dans les relations entre couples en général, il doit y avoir un équilibre entre donner et prendre. Et quand vous prenez conscience des ordres d'amour et d'intuition, vous pouvez faire des mouvements d'âme qui diminuent la tension des liens.

Les relations sont un exemple clair où vous devez prendre en compte, donner et prendre comme une loi des relations, parce que ce sont deux personnes qui sont au même niveau, où l'ordre sacré signifie que les deux sont dans des conditions d'égalité et tout manque doit être compensé pour maintenir l'équilibre. S'il est vrai que les relations entre couples constituent l'un des plus grands défis, elles peuvent aussi devenir la fusion de deux forces masculines et féminines, intégrées dans l'unité pour la transformation de l'humanité.

Pour cela, il est essentiel d'établir des relations d'égalité, entre donner et prendre, pour que cet équilibre puisse aller d'un côté à l'autre et où pour des moments tu peux profiter de l'extase dans un équilibre parfait, car comme dans la vie elle-même, l'existence tend à aller rythmiquement à la recherche de son équilibre entre le chaos et la création.

Pour les couples il est essentiel qu'aucun membre d'elle ne reçoive plus que nécessaire car le message qui est transmis est (je suis le petit, prends soin de moi), ce qui d'une part peut te donner envie de trouver quelqu'un avec qui tu peux être dans des relations égales ou le poids sera si grand qu'il sera seulement enlevé en laissant la relation. D'un autre côté, celui qui continue à donner plus peut aussi jouer au père ou à la mère, c'est-à-dire jouer le grand, vous pouvez facilement voir quand un membre du couple parle et dit (c'est que je dois prendre soin de mon partenaire, très immature). Ce genre de relation a les jours comptés pour qu'elle se termine.

Dans les relations de couple, une compensation est nécessaire, le même système appelle à l'équilibre, par exemple si une personne ne peut pas donner des enfants dans une relation, elle en a un (type de dette) avec l'autre et les deux doivent avoir connaissance du prix payé et l'indemniser. Les relations qui durent dans le temps sont celles où il y a un équilibre plus ou moins permanent, et ne signifie pas que vous devez donner plus dans une relation, c'est donner dans la bonne mesure et compenser constamment, si l'un des membres de la relation se trompe, l'autre a la responsabilité de compenser cette dette par quelque chose de moindre valeur et de ne pas être mis à la place de la victime, de ne pas rendre justice, de jouer le bien mais d'avoir un comportement (passif, agressif) qui va générer une tension dans la relation.

Pour le bien de la relation, il est essentiel que chaque membre prenne la responsabilité de prendre ce qui est juste et donne le droit, sinon plus, car les deux établissent ce lien sacré qui peut les unir pour la vie, s'ils respectent l'équilibre que leur propre système les pousse à suivre consciemment ou inconsciemment.

Le couple parfait n'existe pas. L'homme ou la femme parfaite n'existe que dans notre imagination. Les inégalités de chacun ne sont ni un élément d'inquiétude, ni un élément de risque. Elles nous alimentent même.

Toute rencontre amoureuse emmène toujours des embrouillements, extérieurs et intérieurs. Des sensations, des troubles, des mœurs.

Le sexe est bon pour la santé, tout naturellement parce que le bonheur de faire l'amour rend enchanté, et que l'état de bien-être est bon pour le système immunitaire. Le plaisir physique, source d'énergie, aide une meilleure stabilité hormonale. L'éclatement des endorphines dans le cerveau au moment de l'orgasme produit cette perception d'euphorie, puis de bonheur, tranquillité, réduction du stress et de l'angoisse et sommeil récupérateur à la clé.

Dans un mariage heureux, il y a trois sortes d'amour. Ce sera utile si nous les considérons comme trois parties d'une pyramide. D'abord, la base de la pyramide est un type spécial d'amour que nous appelons "agape". La partie centrale de la pyramide est l'amour de l'amitié et la partie supérieure est l'amour physique ou sexuel. Considérons ces trois sortes d'amour. Commençons par l'amour "agape".

L'amour agape est l'amour qui donne et se sacrifie pour ce qui est le mieux pour l'autre personne. L'amour Agape a deux caractéristiques principales: il n'est pas égoïste (il cherche ce qui est le mieux pour la personne qu'il aime) et c'est un amour de l'engagement (continuer à aimer quoi qu'il arrive).

L'amour Agape n'est pas simplement un beau sentiment, c'est une décision finale de la volonté. Une des choses étonnantes à propos de l'amour agape est la suivante, lorsque vous décidez d'aimer une personne sans égoïsme et de vous comporter avec cette personne avec amour, au fil du temps vous aurez le sentiment de l'amour.

Souvenez-vous que vous n'avez pas à attendre que vous ressentiez de l'amour pour les autres membres de votre famille. Vous pouvez décider de les aimer et commencer à se comporter de manière désintéressée avec eux. C'est une excellente formation pour le mariage.

Tout garçon ou fille peut se comporter de manière affectueuse avec la personne avec qui il envisage de se marier. Cela lui convient de le faire. Mais une fois qu'ils sont mariés et que la routine de la vie quotidienne est établie, leur nature fondamentale sera exprimée. S'ils sont égoïstes dans leur situation familiale actuelle, ils seront égoïstes dans leur mariage.

L'une des plus grandes erreurs que font les jeunes est de se marier rapidement parce qu'ils ne peuvent plus vivre à la maison. Mais jusqu'à ce que vous appreniez à vivre à la maison, en acceptant et en aimant les autres membres de votre famille, vous n'êtes pas vraiment prêt pour le mariage.

Avant de considérer le mariage, vous devez être sûr que vous avez l'amour agape pour cette personne spéciale et qu'il ou elle a aussi ce genre d'amour pour vous.

Un mariage heureux n'est pas un mariage entre deux personnes «parfaites» qui se connaissent et se marient. Il n'y a pas de gens "parfaits"!

Un mariage heureux est un mariage entre deux personnes imparfaites qui s'aiment avec un amour engagé qui n'est pas égoïste. L'amour agape n'est pas aveugle: voyez les fautes de l'autre, mais couvrez-les d'amour.

Quand vous aimez vraiment une personne, vous n'essayez pas de la changer. Vous l'acceptez et vous l'aimez telle qu'elle est. L'amour agape dit: "Je t'aime, quoi qu'il arrive, et je t'aimerai toujours." Vous pouvez voir pourquoi ce genre d'amour est essentiel pour un mariage heureux et réussi.

L'amour Agape n'est pas seulement pour le mariage. Nous devons développer l'amour agape pour tous les gens.

L'amour de l'amitié. C'est l'amour et la tendre affection que nous avons pour les bons amis, les gens avec qui nous aimons être. Nous devons avoir ce genre d'amour pour les personnes de notre sexe, ainsi que pour le sexe opposé.

Nous devons développer un amour agape sans égoïsme pour tous, mais tout le monde ne peut pas être un ami proche. L'illustration de la pyramide montre comment les objets de notre affection commencent à diminuer quand nous atteignons le niveau de l'amour de l'amitié.

Pour avoir un mariage heureux, vous devez avoir l'amour de l'amitié pour votre conjoint afin qu'ils puissent apprécier être ensemble, parler et partager des choses les uns avec les autres. Un mariage sans affection tendre entre mari et femme ne sera pas satisfaisant même s'il y a beaucoup de passion dans la chambre à coucher.

Amour physique ou sexuel C'est l'amour le plus spécial et intime partagé par un mari et sa femme. Nous devons avoir de l'amour sexuel avec une seule personne - avec qui nous sommes mariés. La pyramide illustre comment notre affection est réduite à une seule personne quand elle atteint le niveau de l'amour sexuel.

Au commencement, Dieu créa un homme et une femme. J'étais engagé l'un envers l'autre pour la vie. C'est la conception de Dieu pour le mariage et pour l'amour sexuel: un homme et une femme engagés dans la vie.

Dieu a conçu les relations sexuelles comme un moyen de reproduire les enfants comme une source de plaisir. Grâce aux rapports sexuels, un mari et une femme peuvent exprimer pleinement leur amour l'un pour l'autre. C'est l'un des plus grands privilèges et bénédictions du mariage.

Cette commande interdit toute impureté sexuelle. L'adultère est une relation sexuelle entre une personne mariée et quelqu'un d'autre que son conjoint. La fornication est une relation sexuelle entre un homme et une femme non mariés.

Mais aussi beau que puisse être l'amour sexuel, il ne peut jamais être le fondement d'un mariage réussi. Beaucoup de couples essaient de construire leur mariage sur la base de l'amour physique ou sexuel. Le mariage peut durer un certain temps, mais quand les tempêtes de la vie viennent, votre mariage échouera. Le couple découvrira trop tard qu'ils ne peuvent pas construire un mariage heureux et réussi avec l'amour sexuel comme fondement.

Cependant, il est très important que ces trois types d'amour se réunissent dans le bon ordre. Tout d'abord, pour un mariage heureux et réussi, vous devez avoir l'amour agape (amour qui n'est pas égoïste et qui veut le meilleur pour l'autre personne). Ensuite, vous avez besoin de l'amour de l'amitié (cet amour qui permet au mari et à la femme d'aimer être ensemble). Enfin, dans un mariage heureux, il y a un amour sexuel qui satisfait.

Malheureusement, beaucoup de jeunes mettent l'accent sur l'amour physique ou sexuel. Ils se jettent dans l'intimité physique sans savoir s'ils ont l'amour agape et l'amitié pour l'autre. Cela peut sembler plus excitant, mais c'est comme essayer de construire une pyramide en tête! Ça ne marchera pas

Le désir d'avoir des relations sexuelles est quelque chose que Dieu a créé en nous. Ce n'est pas sale ou mauvais.

Le désir sexuel était l'idée de Dieu (pas la nôtre). Il a créé en nous ces hormones qui rendent le sexe opposé attirant pour nous. Les relations sexuelles, comme Dieu les a conçues, sont belles.

L'impulsion sexuelle peut être comparée à la faim. Ce n'est pas un péché d'avoir faim, mais c'est un péché de voler de la nourriture pour satisfaire notre faim. De la même manière, l'impulsion sexuelle en elle-même n'est pas un péché, mais c'est un péché si nous satisfaisons ce désir de la mauvaise façon.

L'impulsion sexuelle comme Dieu l'a planifiée. Dieu a créé tous les êtres vivants capables de se reproduire. Les animaux ont une puissante impulsion sexuelle qui unit le mâle et la femelle pour les rapports sexuels. Cependant, dans le cas des animaux, la libido est dans certaines saisons. La femelle ne reçoit le mâle que pendant le temps où elle est en chaleur. Le reste du temps, elle n'a aucun intérêt pour les rapports sexuels. Apparemment, dans le cas des animaux, Dieu a conçu la pulsion sexuelle uniquement dans le but de la reproduction.

Avec les humains, c'est différent. Dieu nous a donné le désir sexuel ainsi que les moyens de reproduction comme moyen par lequel le mari et la femme peuvent exprimer plus pleinement leur amour l'un pour l'autre.

Dans le mariage, le fort désir sexuel qui apparaît lorsque le mari et la femme sont stimulés peut être légitimement satisfait par des rapports sexuels.

Mais ces mêmes forts désirs et passions peuvent être stimulés en dehors du mariage. Cependant, dans ce cas, il n'y a pas de solution légitime pour ces désirs stimulés. S'arrêter sans consommer de relations sexuelles produit de la frustration, et l'accomplissement de l'acte est fornication (l'un des péchés les plus nuisibles qu'un jeune peut commettre).

Nous pouvons comparer le désir sexuel avec une chaudière à vapeur. Lorsqu'un feu est activé dans la chaudière, l'eau à l'intérieur devient de la vapeur. Cette vapeur est sous une pression énorme, mais elle est munie d'un échappement approprié. La vapeur est utilisée pour entraîner une turbine qui produit de l'électricité. Cependant, si l'on allume un feu dans une chaudière qui ne dispose pas d'un échappement sûr pour la vapeur, la chaudière va exploser.

Une relation d'amour est une relation entre un garçon et une fille, dans laquelle chacun accepte de ne pas sortir avec une autre personne. Presque tout le monde veut avoir quelqu'un à qui parler (avec qui partager ses joies et ses problèmes).

Être un couple n'est pas seulement agréable, il a de réels avantages.

Être en couple vous aidera à vous développer socialement. Être avec quelqu'un du sexe opposé au début sera inconfortable, mais cela vous aidera à apprendre à vous sentir à l'aise avec quelqu'un du sexe opposé.

Être en couple vous aidera à développer votre personnalité. Vous apprendrez comment faire face à des situations difficiles et comment grandir et mûrir dans vos relations avec les autres.

Être en couple vous aidera à choisir votre conjoint. Presque tous les jeunes veulent se marier un jour. C'est aussi un moyen de rencontrer votre partenaire de mariage possible. C'est précieux car cela vous aide à décider quel genre de personne vous voulez épouser.

Il y a aussi un danger dans la relation de couple. Le danger est que vous fassiez quelque chose qui pourrait nuire gravement à vos chances de bonheur futur et à un mariage réussi. Il est facile pour les jeunes de penser (j'ai toute ma vie devant moi, les décisions que je prends aujourd'hui ne changeront rien).

Marier quelqu'un avec l'espoir de le changer serait plus ou moins comme se lancer d'un avion sans parachute. Les chances d'avoir un atterrissage sécuritaire et sain sont presque égales dans les deux cas.

Aussi dangereuse soit-elle, beaucoup de jeunes filles sont disposées à compromettre leur futur bonheur en épousant un jeune homme dans l'espoir de le changer. Une fille peut dire (je sais que mon copain boit beaucoup, et il aime flirter avec les autres filles, mais je pense que ça va changer après notre mariage).

Ces pensées sont de vains désirs qui sont très mauvais. Cela ne change pas la nature fondamentale d'une personne lorsqu'elle se marie. S'il y a des problèmes avant le mariage, ils s'aggraveront probablement plus tard.

Si votre amour est réel, vous serez intéressé par la personnalité totale de la personne que vous aimez. Il n'y a aucun doute, il y a un élément excitant dans l'attraction physique, mais ce n'est qu'une des nombreuses choses sur la personne qui vous attire.

Si c'est l'amour vrai, vous serez attiré par beaucoup ou presque toutes les qualités de l'autre personne. Chacun d'entre nous a des caractéristiques, des attitudes et des opinions infinies. Combien avez-vous observé chez l'autre personne? Combien vous attirent?

Ceci est important parce que, après l'émotion initiale d'être marié est terminée, vous aurez besoin d'avoir beaucoup de choses en commun pour que votre mariage continue d'avoir de la vitalité.

Le véritable amour commence toujours lentement. Cela ne peut pas être autrement. Vous devez connaître une personne avant de pouvoir vraiment l'aimer, et cela prend du temps (beaucoup de temps) pour vraiment rencontrer quelqu'un.

Une longue parade est beaucoup mieux qu'une courte. Une année vaut mieux que six mois et deux ans valent mieux qu'une.

Oui, les statistiques sont très claires sur ce sujet. Mais la plupart des jeunes n'attendent même pas un an. Beaucoup de ceux qui se jettent dans le mariage apprennent par expérience triste qu'ils auraient écouté le dicton qui dit: Avant de vous marier, regardez ce que vous faites. Si vous faites l'erreur de vous précipiter pour le mariage, vous aurez tout le temps de regretter plus tard de ne pas regarder ce que vous avez fait.

Dans l'amour vrai, vos sentiments sont probablement chauds et tendres au lieu de chauds ou froids, et plus susceptibles d'être continus. Le véritable amour se développe lentement, mais les racines deviennent profondes.

Si votre amour est réel, la personne que vous aimez va briller sur vos meilleures qualités et vous donner envie d'être une meilleure personne. Un jeune homme qui était vraiment amoureux a dit: (J'aime ma copine, non seulement parce qu'elle est merveilleuse, mais parce qu'elle m'encourage à être la personne que je devrais être).

Dans le vrai amour, votre bien-aimé est la personne la plus importante au monde pour vous, mais vos relations avec votre famille et vos amis continuent aussi d'être importants.

Dans le véritable amour, il est probable que vos parents et la plupart de vos amis approuvent la relation.

Dans le véritable amour, l'absence fait que votre cœur tombe de plus en plus amoureux de l'être aimé. Le véritable amour peut survivre à l'épreuve du temps et de la distance. Et il survivra.

Le véritable amour a ses racines dans la personnalité totale de l'autre personne, pas seulement dans son aspect physique. Le temps qu'ils ont passé ensemble a fait que leurs personnalités se sont réunies. Quand ils se séparent, une partie de vous semble manquer. Aucune autre personne, aussi attrayante soit-elle, ne peut combler le vide dans votre cœur.

Quand ils sont séparés, peut-être vous inquiétez-vous un peu, en plus de vous sentir triste. Mais si votre bien-aimé peut être plus heureux avec une autre personne, il vaut mieux que vous le découvriez maintenant et pas après le mariage. Donc, si la cour se termine, acceptez-la et ne vous inquiétez pas. Si la relation est un caprice et ne survit pas, il est préférable de le découvrir avant qu'il ne soit trop tard.

Dans le véritable amour, il y aura des arguments, mais le véritable amour survivra toujours aux procès et avec le temps ils seront moins fréquents et moins sévères.

Chaque couple doit apprendre à faire face à des conflits. Il est préférable de discuter franchement des différences que de leur permettre de grandir dans la clandestinité.

Cette clé peut ne pas sembler être très importante pendant la relation en couple, mais elle a une grande importance dans le mariage. Dans un mariage fondé sur un caprice, le mari et la femme peuvent apprécier davantage de développer leurs intérêts séparés que de faire des choses ensemble. Le mari peut préférer «sortir avec des amis» plutôt que de rester à la maison avec sa famille. Ou une femme pourrait avoir plus d'intérêt dans leurs contacts sociaux que dans leurs obligations à la maison.

Dans un mariage où le véritable amour existe, mari et femme trouvent leur plaisir à faire des choses ensemble. Ils disent habituellement: "Je ne veux pas y aller si tu ne peux pas aller avec moi".

Dans le véritable amour, vous aimez la personne pour ce qu'elle est (pas parce qu'elle vous fait sentir important).

Le véritable amour n'est pas égoïste, c'est un amour commis. Vous voulez faire tout votre possible pour apporter le bonheur à l'autre personne. Votre attitude générale est de donner à la relation et ne pas prendre tous les avantages que vous pouvez.

Certaines personnes prennent la décision de ne pas se marier, et c'est sans doute une décision acceptable, mais la plupart des gens décident de se marier.

Se marier est facile. Mais avoir un mariage heureux et réussi n'est pas facile. Ce n'est pas une bonne chance. Il y a des choses spécifiques que vous pouvez faire pour améliorer considérablement vos chances d'un mariage heureux.

CHAPITRE 9

AMITIE

L'amitié est une tendresse partagée, une marque d'affection bilatérale entre deux individus ne liant pas à la même famille. La relation amicale est à proximité de la relation amoureuse, à l'exception d'exclusivité ni d'affinité sexuelle. L'amitié se construit souvent sur des attachements collectifs et des aptitudes identiques. Les amis se retrouvent habituellement sur leur lieu de travail ou durant leurs activités sportives ou culturelles.

L'amitié éprouve cinq règles essentielles : la sincérité, le secret, la reconnaissance, la loyauté et la véridicité. Un ami, aussi quelqu'un d'autre et quelqu'un de confiant, avec qui se crée une alchimie, se fonde une approche que l'on a quelquefois du mal à déchiffrer.

On ne peut pas réclamer à ses amis de convertir. Si vous les admirez, vous les supportez avec leurs maladresses. On est autorisé de convenir avec qui on liera une relation d'amitié. Si les maladresses vous suffoquent trop, il se fait donc indispensable d'interrompre cette relation.

Essayez d'être un très bon ami sur qui on peut s'appuyer en tout temps. Tenter d'être là lorsqu'on a besoin de vous. Être un bon ami, c'est être là dans les moments de joie, mais particulièrement dans les mauvais moments.

La base d'une bonne amitié ce sont les valeurs communes. En d'autres termes, les bons amis partagent des convictions morales, spirituelles et éthiques.

Le facteur suivant, la compatibilité, est moins important.

Et, souvent, avoir les mêmes intérêts est la chose la moins importante. Après tout, il est possible d'avoir des amis avec des loisirs et des talents différents de ceux d'un.

Soyez prudent avec les amitiés qui sont basées exclusivement sur des intérêts communs. S'ils ne partagent pas vos valeurs, la relation sera sûrement fragile et pourrait même vous causer des ennuis.

Les cinq (5) caractéristiques d'un vrai ami:

1) Se préoccupe sincèrement pour vous

Il n'apparaît pas seulement quand vous en avez besoin ou quand vous n'avez rien de mieux à faire. C'est pourquoi il est conscient de ce qui vous arrive et n'attend pas que vous le cherchiez pour être présent. Il est intéressé à vous connaître et sera le premier à arriver quand vous traverserez un problème sérieux.

L'inquiétude qu'il ressent pour vous est désintéressée. Il t'aime simplement et veut que tu sois guéri. Ne "meurs" pas si quelque chose de mal vous arrive, ou si vous avez l'intensité émotionnelle d'autres relations, mais vous avez toujours la certitude qu'il est là.

2) Il veut vous comprendre, il ne vous juge pas

L'amitié implique une acceptation mutuelle. Un vrai ami ne veut pas te changer, ni ne te critique ou ne conteste ta vie. Il sait que vous avez des fautes, mais il ne veut pas les signaler. Et si c'est le cas, c'est sûrement dans l'intention que vous souffrez moins et que vous ne deveniez pas quelqu'un d'autre.

Un vrai ami est ouvert à la compréhension. Si vous lui parlez de vos problèmes, il essaiera de comprendre votre position et de ne pas souligner vos erreurs. Pour cette raison, avec cette personne, vous vous sentez à l'aise d'être vous-même, de vous montrer tel que vous êtes.

Un ami est une personne avec qui vous pouvez penser à haute voix.

3) Alléger les situations difficiles

Un vrai ami sait qu'il n'est pas votre mère, ni votre confesseur, ni votre psychologue. C'est pourquoi, au lieu de vous prêcher ou de vous donner une chaire de bien vivre, partagez les moments difficiles avec vous de manière spontanée et simple.

Si vous savez que vous êtes frits, invitez-les à manger des glaces ou faites une promenade dans le parc. Si vous savez que vous traversez une situation désagréable, vous allez soustraire le drame et la blague avec vous pour rendre la question moins sérieuse. Si vous savez que vous souffrez, vous serez à vos côtés d'une manière sereine et non invasive.

4) Il sait vous écouter

Si quelque chose distingue la vraie amitié, c'est cette capacité d'écoute, qui va bien au-delà du silence pendant qu'un autre parle. La vraie écoute est respectueuse et chaleureuse. Il est également attentif aux paroles de l'autre et l'aide à s'écouter.

Savoir écouter n'interfère pas avec ce que l'autre dit, si ce n'est pas nécessaire. C'est accepter ce que l'autre exprime, sans gestes ni attitudes de désapprobation. L'écoute consiste à accompagner silencieusement quelqu'un, tout en donnant forme à ses idées et à ses sentiments à travers les mots.

5) *Il est sincère et oublie facile*

Les grands amis ne prétendent pas, ni ce qu'ils pensent de vous, ni ce qu'ils ressentent pour vous. Le charme de l'amitié est précisément que les personnes impliquées ont confiance et savent à quoi s'attendre de l'autre. Il n'y a pas de place pour la fausse courtoisie, ni pour l'hypocrisie, parmi les vrais amis.

Dans d'autres types de relations, une aversion ou un combat peut arriver à plus grand. Mais dans l'amitié, non. La vraie amitié oublie facilement ces conflits et tourne la page sans problème. Bien sûr, il y a des limites, mais dans l'amitié, les désaccords quotidiens font peu de cas.

La vraie amitié est construite entre deux. Plus que d'examiner si vos amis répondent à toutes ces exigences, nous vous invitons à faire l'exercice d'évaluer à quel point vous êtes un bon ami. Pour sûr, qui sait comment être un ami trouve de vrais amis.

En quelque sorte, un vrai ami c'est une épaule sur laquelle apitoyer qui ne vous revendique rien en échange, cependant qui est gratifiée lorsque nous arrivons au réconfort affectif qui est si fondamental dans les mauvais jours.

Ils valent la gratitude, la chaleur, l'inclination et l'allégresse. Ils valent d'être honorés honnêtement et courageusement, d'être récompensés et remerciés.

Quelques questions pertinentes qui peuvent vous aider à mieux connaitre à votre ami ?

1. Avez-vous un secret que vous ne m'avez pas dit?

Nous avons tous gardé un secret que nous ne partagerons avec presque personne. S'il vous dit, c'est que vous avez beaucoup de confiance.

2. Qu'est-ce qui vous fait peur?

Avouer des peurs à quelqu'un est aussi un signe de confiance. Si vous ouvrez votre cœur, vous pouvez être sûr que vous êtes important pour lui.

3. Où iriez-vous en vacances?

Cette question est intéressante au cas où un jour tu déciderais d'aller avec lui quelque part. De cette façon, vous en saurez plus ou moins si vous partagez les mêmes goûts que vous.

4. Quel serait votre travail de rêve?

Le travail est très personnel, et c'est une partie très importante de la vie de la personne. Lorsque vous travaillez sur ce que vous aimez, vous êtes heureux.

5. Avez-vous un livre préféré? Qu'est-ce que c'est?

Dans les livres qu'une personne lit, il est également possible de savoir ce qui les inquiète. Un livre d'aventure, un livre de psychologie. Voyons ce que votre ami répond.

6. Que signifie la liberté pour vous?

C'est l'une de ces questions existentielles qui vous donnera des informations sur ce que sont vos valeurs et ce que vous pensez de la liberté.

7. Si vous dominiez le monde, que feriez-vous pour le changer?

Si votre ami est une personne avec une pensée critique, a un bon coeur et est intéressé par les questions sociales, certainement avoir quelques idées pour que le monde fonctionne mieux.

8. Quelles qualités appréciez-vous le plus chez quelqu'un?

Cette question peut être très personnelle, mais elle vous aidera sans aucun doute à mieux connaître votre ami et à vous faire part de ses commentaires sur ce qu'il aime et sur ce qu'il n'aime pas.

9. Comment voyez-vous l'avenir?

Visualiser le futur d'une manière ou d'une autre fournit des informations sur les aspirations, la motivation et même la confiance en soi de quelqu'un. Il y a des gens qui préfèrent la montagne, parce qu'ils aiment skier, par exemple. Au lieu de cela, il y a des gens qui préfèrent le soleil et la plage.

10. Est-ce que tu t'identifies à une chanson?

La musique nous fait ressentir des émotions très fortes et c'est quelque chose de très personnel, qui diffère d'une personne à l'autre.

11. Quel est ton film favori? Pourquoi ?

Comme les goûts musicaux ou les séries, les films peuvent également fournir des informations sur leurs goûts. Par exemple, si vous aimez les films d'amour ou d'horreur.

12. Comment me décrirais-tu?

Comment votre ami vous voit peut être intéressant. Ne soyez pas surpris si l'idée que vous avez de vous n'est pas la même que celle de votre ami. Cependant, si c'est votre ami, c'est à cause de quelque chose.

13. Avez-vous un modèle à suivre?

Tout le monde a quelqu'un qui l'a marqué, ou nous avons quelqu'un à qui nous aimerions ressembler. Un moyen de savoir comment il aimerait être.

14. Il y a quelque chose que vous pensez que les autres pensent et qui n'est pas vrai?

Votre ami peut penser que les autres ne savent pas ce qu'il est vraiment ou ont une mauvaise image de lui. Une question semblable à la précédente, bien que dans ce cas nous parlions d'une facette différente de l'éducation, la méthode qui est suivie.

15. Si tu étais un animal ... que serais-tu?

Cette question peut révéler à quoi ressemble votre ami et quelles vertus ou défauts se détachent pour lui.

16. Qui est la personne la plus importante dans votre vie?

La réponse à cette question ne peut signifier rien de spécial non plus; mais il peut fournir des informations utiles dans certains cas, par exemple si vos parents se sont séparés.

17. Quel a été le meilleur moment de ta vie?

Nous traversons tous de bons et de mauvais moments dans la vie. Certains d'entre eux nous nous souviendrons pour toujours.

18. Dans quelles situations seriez-vous prêt (e) ou disposé (e) à mentir?

Nous avons tous menti à un moment donné, c'est normal chez les êtres humains. Sûrement, avant cette question, vous voudrez montrer une image positive de vous-même. Mais je peux avouer ce que vous pensez vraiment.

19. Comment définirais-tu ton sens de l'humour?

Logiquement, il y a des gens avec plus d'humour que d'autres, et il y a aussi beaucoup d'humour, l'humour noir, l'absurde. Vous connaissez sûrement le sens de l'humour de votre ami, surtout s'il fait des blagues. Bien qu'il puisse être une personne plutôt sérieuse, vous devez lui poser des questions sur ce sujet.

20. Quel talent aimeriez-vous avoir?

Les gens, nous avons nos vertus et nos défauts et, parfois, nous voulons des choses que nous ne pouvons pas avoir.

21. De quoi êtes-vous le plus fier dans cette vie?

Il y a des moments dans la vie d'une personne que l'on se sent très heureux pour ce qu'ils ont accompli. Demandez à votre ami de partager ce moment spécial avec vous.

22. Et ... qu'est-ce que tu regrettes le plus?

La même chose peut arriver avec le moment le plus désagréable. C'est bon d'ouvrir ton cœur et de te le dire.

23. Quelle est votre plus grande vertu et votre plus grand défaut?

Une bonne question pour connaître l'image que votre ami a de lui-même, tant dans le bon que dans le mauvais.

CHAPITRE 10

FAMILLE

La famille est un groupe de personnes unies par la parenté, c'est l'organisation la plus importante qui puisse appartenir à l'homme. Cette union peut être formée par des liens consanguins ou par un lien légalement constitué et socialement reconnu, tel que le mariage ou l'adoption.

La famille est la composante fondamentale de toute société, où chaque individu, uni par des liens de sang parvient à se projeter et se développer. C'est dans ce contexte familial que commencent l'enfance et la coexistence, où les hommes et les femmes acquièrent des compétences et des valeurs qui les aideront à surmonter et à reproduire ces principes lorsqu'ils formeront leur propre famille.

La famille est l'organisation sociale la plus générale, mais aussi la plus importante pour les hommes. Soit par des liens sociaux, légalement consacrés ou par des liens de sang, appartenant à un groupement de ceci.

La relation de parenté peut se produire à différents niveaux. Cela signifie que toutes les personnes qui composent une famille n'ont pas la même proximité ou le même type de relation. Au sein de ces niveaux, comme pour illustrer le souligné, nous pouvons parler de:

- *Famille nucléaire*, nous nous référons au groupe composé du père, de la mère et des enfants.

- *Famille élargie*, est composée de grands-parents des deux côtés, oncles, cousins et qui correspond.

- *Les familles composées*, qui sont celles qui sont formées par le père et la mère, et à leur tour avec un membre qui n'a de liens de sang avec l'un d'eux.

Importance de la famille

La famille est le noyau fondamental de la société, et en tant que telle l'entité qui contribuera au développement intégral de la personne à la fois physiquement, intellectuellement et spirituellement. Il est donc évident que le bien-être familial est vital pour le développement humain.

L'Organisation des Nations Unies reconnaît et affirme l'importance de la famille en tant que lieu privilégié pour l'éducation, et dans le but d'accroître le degré de sensibilisation aux sujets liés à la famille

La famille est l'endroit où nous naissons et grandissons, nous trouvons la protection et la sécurité, c'est la cellule où les gens répondent à leurs besoins de protection, de compagnie, de nourriture et de soins de santé. La famille est responsable d'encourager l'enfant à se développer en tant que membre d'un groupe social, avec un sentiment d'appartenance, avec la capacité de comprendre et de respecter la culture de son groupe.

L'influence des parents est essentielle. L'enfant apprend à savoir qui il est de sa relation avec ses parents. Personne ne peut se découvrir s'il n'y a pas de contexte d'amour et d'appréciation

Les sociologues soutiennent qu'il y a trois anneaux pour la formation de la personne: la famille, l'école et la société. Aujourd'hui, la famille compose l'anneau qui a plus de pouvoir. C'est celui qui absorbe les deux autres anneaux.

L'importance de la famille est que c'est le premier groupe auquel appartient un individu, c'est donc le premier groupe où les règles, les pensées, les coutumes et les réactions sont apprises; La famille est une institution où l'on apprend des valeurs, des comportements et une éducation de base, tels que ceux qui sont habituellement libérés par le noyau familial.

La famille est la cellule de base de la société, on reconnaît que sa nature, ses fonctions et ses contributions sont fondamentales pour le développement économique et social des nations.

Des familles fortes, saines et durables, dérivent de sociétés fortes, saines et durables. Au contraire, un affaiblissement des structures et des dynamiques familiales a un impact défavorable sur la société, provoquant des problèmes affectant les indicateurs de bien-être des membres du ménage, en particulier les mineurs.

Notre famille est une partie très importante de nos vies. Cela nous aide à améliorer notre personnalité et à façonner notre caractère. Elle nous enseigne la valeur de l'amour, de l'affection, de l'affection, de l'honnêteté et de la confiance en soi, et nous fournit les outils nécessaires pour réussir dans la vie.

La famille est un endroit où vous pouvez être vous-même. C'est un endroit où vous êtes accepté comme vous êtes. C'est là que vous êtes libre de toute tension et que tout le monde est là pour vous aider. La famille vous encourage lorsque vous êtes entouré de problèmes. Ils vous aident à survivre dans les moments difficiles et remplissent votre vie de joie et de bonheur.

CHAPITRE 11

PROCRASTINATION

Le principal facteur qui contraint quelqu'un à prospérer se nomme la procrastination.

Procrastination, l'art de laisser les choses à demain. Une anomalie devenue pratique courante, dans lequel on est fort. La procrastination est un vrai poids pour les professionnels. En quelque sorte, elle anéanti l'existence et nous enserre dans une illusion, réfléchir constamment à ce qu'on doit réaliser, sans découvrir le courage de s'y solutionner.

La procrastination indique une capacité à retarder, à repousser au lendemain, à reculer, les tâches que nous devrions exécuter tout de suite. La procrastination, manifestation compliquée, protéiforme et relatif à plusieurs facteurs, est un fonctionnement perspicace mais qui se pose, sur des dynamismes impulsifs.

L'aptitude qui nous concerne indique une attitude qui se refasse dans le temps, une attirance générale, qui peut se convertir en coutume et nous placer dans une situation fâcheuse dont on ne peut se sortir. La procrastination est couramment surnommée la maladie de l'action.

Quand nous entrons dans un mécanisme de procrastination, nous faisons l'expérience d'une lutte intérieure ininterrompue entre la partie de nous qui veut, qui a conscience que nous devons nous y mettre, et la partie de nous qui contrarie.

Procrastiner équivaut à mettre face à face une opposition à l'action. Or, d'après le principe d'inertie, première des trois lois de Newton, et de façon très métaphorique, un corps au repos continuera au repos, et un corps en action continuera en action. Il vous faudra alors plus de vigueur et d'énergie pour vous mettre en action, pour sortir de l'inertie cependant une fois lancé, l'énergie qu'il vous sera réclamé pour rester en action sera bien inférieure et rester en mouvement, dans l'action, sera pratique.

La procrastination fait partie de ces habitudes suicidaires et masochistes qui nous écartent de nos buts et du bonheur.

Donc même que nous savons ce qui est bon pour nous, nous nous entreprenons à générer des plans qui nous défavorisent et à procéder à l'opposé de notre propre avantage, étouffer nos meilleures déterminations. Nous savons incontestablement quel chemin prendre pourtant nous poursuivons la mauvaise voie, comme si nous étions enfermés, attrapés de nos mauvaises coutumes, comme si, décidément, nous n'étions pas complètement libres de nos actions.

Le changement cause la panique. Tous les changements, même positifs, engendrent une forme d'angoisse. Voilà surement la raison pour laquelle nos efforts faillissent fréquemment, car ils ne font qu'augmenter notre frayeur du changement.

Quand on médite sur la procrastination, on évoque naturellement une personne allongée sur son canapé qui choisit passer du bon temps et traîner au lieu de se mettre au travail. Par ailleurs, à l'inverse de ce que nous pourrions simplement réfléchir, la procrastination n'a aucun rapport avec la paresse. Les individus qui procrastinent seraient même de préférence actives et bien organisées, avec ce qu'elles adorent réaliser, ce qu'elles maîtrisent et ce qui a de la valeur pour eux. Ils font uniquement le choix d'un mouvement au préjudice d'une autre, qu'elles estiment renvoyer à un moment postérieur.

On ne naît pas procrastinateur, on le devient, tout au long du temps, spécialement lors des études. Il ne s'agit d'aucune manière d'un trait de particularité génétique qui se propage de génération en génération. Si vous vous voyez comme un procrastinateur habituel, ôtez l'inquiétude, vos descendants ne deviendront pas forcément des procrastinateurs. Ils le seront cependant plus facilement via l'exemple que vous leur donnerez. Il s'agit alors d'un caractère acquis et non inné.

La procrastination est une aptitude très commune, plus cognitive que pathologique, qui peut affecter chacun d'entre nous. Il est alors question d'une attitude plutôt quelconque, qui nous transforme en des individus à part entière, avec des qualités et aussi des défauts, des sentiments de convoitise, des aspirations, des hausses et des baisses d'énergie. La procrastination peut bien sûr être un vrai désavantage et engendrer d'énormes complexités, avec des effets quelquefois négatifs.

La procrastination est une difficulté qui atteint un grand nombre de domaines, telle que la finance, la santé, voire au niveau collectif, la gestion des crises écologiques, toutefois c'est également une illusion pour l'étudiant ou le lycéen, principalement quand il est livré à lui-même, tenu d'étudier et rendre ses devoirs.

La préférence pour les gratifications rapides n'est pas la seule origine de la procrastination, d'autres aspects sérieux sont à mettre en évidence.

L'acte de différer les actions à réaliser est très joint à un principe qui lui est a priori très écarté, la confiance en soi. En gros, cette ultime devient en proportion opposé du produit de la confiance en soi et de l'importance de la tâche. Si vous êtes assuré, mais ne donnez aucune valeur au travail à accomplir, vous allez procrastiner encore. Si vous donnez une valeur au travail, cependant n'avez aucune foi en vous, ça ne va pas être terrible non plus. Et si vous n'appréciez ni votre travail ni vous-même, cela se passe de commentaires.

Un des aspects essentiels qui pousse à la procrastination est l'angoisse. Le fait de remettre une action à demain est un synonyme d'attitude d'évitement, qui fait disparaitre le stress qui lui est associé. Selon la situation, cette angoisse peut être attachée à l'ambiguïté, à toute autre peur produite par l'action à effectuer ou à ses possibles effets. Il peut particulièrement s'agir d'une anxiété sociale, par exemple pour des rendez-vous que l'on renvoie ou pour des buts qui comportent une dimension collective considérable.

Ne pas bien contourner au départ l'ensemble de difficulté à faire face, ne pas savoir combien de temps il va falloir y mettre et notamment ne pas avoir une expérience préalable de la même tâche et alors de son achèvement créent des obstacles majeurs au prélude de l'action, essentiellement lorsqu'on manque de confiance en soi. Ainsi, chaque fois qu'on aura l'occasion entre une action perplexe où l'on risque de s'enfoncer et une action que l'on contrôle, on préférera la deuxième inévitablement.

Désire toujours effectuer les choses de façon sublime, pour s'attester sa propre valeur de laquelle on se méfie réellement, produit brusquement une situation fâcheuse dont on ne peut se sortir, être trop exigeant conduit forcément à ne pas l'aboutir, ce qui finit par endommager davantage l'image que l'on a de soi-même. Cette course à la perfection nous tient en laisse, et elle peut aussi carrément créer de la procrastination, au lieu de se confronter à une probable faillite, on favorise, même sans réellement s'en rendre compte, ne pas tenter du tout.

L'aspect du temps est fondamental dans la procrastination, parce qu'on est continuellement en retard. Les individus touchés ont habituellement une peine avec l'estimation du temps que peut mettre à réaliser une action, avec une aptitude honnête à en sous-évaluer la durée obligatoire, et à surévaluer le temps qui reste avant l'ultime limite. Cela peut ressembler à un excès d'optimisme, ou même à quelqu'un qui ne mesure pas le danger, avec le pressentiment du retard que l'on commence à attraper, on choisit ne pas y réfléchir et ne pas affronter la réalité.

Les fausses exigences sont une autre forme de piège qui développe aussi l'affermissement de la procrastination. Au lieu de s'embarquer dans une tâche sérieuse et en retard, on en choisit une autre, moins sérieuse cependant plus accessible. Ceci avec une allégation aidant à se débarrasser du sentiment de culpabilité. Et, de fausses exigences en fausses exigences, les choses essentielles sont remises à une date inexistante.

Finalement, le dernier aspect de procrastination est, incroyablement, une tendance à l'hyperactivité. Lorsque celle-là est en désordre, avec de vrais problèmes d'attention comme chez quelques enfants mais également parmi un grand nombre d'adultes, le danger est de ne pas pouvoir créer une action de façon continue du commencement à la fin. Le fait de ne pas parvenir à fixer son attention conduit à passer certainement continuellement d'un sujet à l'autre, et de la sorte n'accomplir aucune tâche entièrement. Les personnes touchés sont alors égarées dans de nombreuses actions, commencées mais suspendues, et ne s'y récupèrent plus. Cette tendance au désordre et à l'absence de concentration est certainement défaite par tous les encouragements à la distraction, venant principalement des différents écrans et autres appareils numériques.

Tout comme il est inutile de choisir de lancer un régime d'une heure à l'autre, la grande décision d'arrêter entièrement de procrastiner dès maintenant est vain et est plus précisément contre-productive. Sans arrangement ni plan d'action, vous risquez de faillir très rapide, de vous démoraliser en incriminant et de ne plus pouvoir vous affronter au problème avant longtemps. Il faut aller d'une méthode qui ne se réalisera pas à une méthode fondée sur le raisonnement.

L'arrangement au changement comprend à bien disséquer ses propres attitudes, à être sûr de ses motifs, et à déterminer des objectifs en se basant sur une procédure assez rigoureuse. Vous avez possiblement des tâches en retard dans divers domaines, travail, études, bricolage, classement des papiers, règlement des factures, rangement des vêtements ou des livres, etc. Faites une liste des priorités en adoptant les deux éléments suivants, le degré d'urgence et d'utilité de la tâche à réaliser d'une part, et le niveau de difficulté et de pénibilité d'autre part.

L'élément à prioriser est le degré d'utilité et d'urgence, puisque marcher sur ces thèmes peut vous simplifier la vie, et notamment affermira votre motivation et votre confiance en vous si vous parvenez. Préférez alors les actions que vous repoussez de vieille date, même si vous n'avez pas de date limite obligatoire déterminée par des clauses externes.

S'il y en a diverses, adopter le deuxième critère pour les ordonner, premièrement ceux qui devraient vous réclamer le moins d'efforts et de temps, puis les autres.

Un autre aspect nécessaire dans le combat contre la procrastination est la segmentation des problèmes. Impossible d'achever un travail de grande importance et de grande complication du premier coup et sur un temps court. Il est indispensable de dissocier les actions les plus pesantes en sous-actions plus accsessibles, prenant moins de temps et rassemblant moins de problèmes lorsqu'elles sont abordées l'une après l'autre.

Il est nécessaire d'admettre des primes quand vous aboutissez des objectifs, des choses que vous ne vous donnez la permission de faire que quand vous aurez rempli l'accord prévu. Cette autogratification peut paraitre un peu simple ou commune, mais elle marche certainement pour maintenir la motivation.

Du début à la fin, vous risquez d'être ralenti même bloqué par votre exigence de perfection ou au moins votre désir de bien faire. Nous avons vu que cette aptitude, digne sur le principe, peut être un vrai venin de l'action. Il faut donc vous élever à la chasser derrière toute critique envers vous-même, ou derrière toute essai de renonciation à agir ou à poursuivre une tache. Vous n'arriverez pas à tout faire exactement, c'est admis, mais tout ce qui sera fait sera un pas vers votre bonheur. Soyez dur avec votre souci exagéré de la perfection.

C'est préférable de prioriser vos objectifs et commencez par ceux qui comptent le plus tout en exposant le moins de problèmes, fractionner les travaux en sous-actions plus faciles à effectuer, déterminer des séquences de dix minutes durant lesquelles vous ne devez rien faire d'autre que le travail prévu, arranger vos activités en fonction des aptitudes que vous vous expérimentez, particulièrement des jours ou des horaires où vous êtes communément le plus fructueux, passer en mode urgence lorsque les obstacles nuisent, en déterminant vous-même une date limite obligatoire à ne pas dépasser.

Tentez de délimiter les moments de la journée dans lesquels vous êtes généralement le plus fructueux. Nous avons tous des aspects un peu divers, quelques-uns travaillent d'une manière efficace tôt le matin, d'autres le soir ou à certaines heures de la journée. Tentez de donner de l'importance à ces spécificités pour organiser vos activités exigeant le plus d'énergie.

Vous avez possiblement déjà remarqué que votre rendement est clairement accru lorsque vous devez précisément remettre un travail avant une date obligatoire, ou lorsqu'une date limite s'inflige à vous pour des causes pratiques. Ce sont des périodes où toute notre énergie et principalement notre motivation sont centralisées sur un seul but, avec une notion d'urgence obligeant à une certaine précipitation.

C'est de plus pour cela que certains terminent, de façon plus ou moins décidé et lucide, par prendre l'habitude d'œuvrer au dernier moment pour gagner en efficacité. Mais il est possible de dupliquer cette pression par des tâches que l'on s'inflige à soi-même, se contraindre à finir tel travail précisément avant telle date en considérant qu'elle surpasse tout le reste. Ceci passe par un calendrier plus étroit que ce que vous auriez tendance à vous accorder naturellement.

Cette méthode peut apporter beaucoup, cependant il est mieux de ne pas en exagérer, car elle peut occasionner un niveau d'épuisement et de stress abusif.

L'immobilité est à rejeter. Mettez-vous en action selon un programme d'activités afin d'améliorer les choses.

CHAPITRE 12

ENTREPRENEURIAT

Entreprendre, c'est se mettre en branle. Être apte de rêver un projet qui nous correspond, qui nous fait frissonner et dans lequel on désire de s'investir. C'est être capable d'utiliser une certaine quantité de choses, des actions et de la volonté pour exécuter ce projet. Quel que soit le secteur dans lequel on souhaite de se lancer. C'est l'individu qui se trouve au cœur de l'action d'entreprendre et c'est elle, avec ses aptitudes, ses privilèges, ses zones lumineuses et se zones d'ombre qui va transmettre sa couleur à l'entreprise qu'elle va mettre en place.

On peut sans aucun doute retrouver chez chaque entrepreneur, de l'autogestion, de l'imagination, de l'attention, l'esprit d'initiative, un certain aspect d'une personne aventureuse et également l'esprit d'équipe et le désir d'engagement. Ceci est le fondement de l'esprit d'entreprendre que l'on peut indiquer comme étant la faculté de traverser d'un simple concept à un projet palpable. Il est alors essentiel de savoir qui ont est, d'avoir appris à relativiser sur son mode d'emploi, sur ses faiblesses et ses points forts.

L'entrepreneur saisit des occasions cependant il a besoin d'avoir des moyens comme des habilitées techniques bien déterminées. L'entrepreneur a d'ailleurs le sens de l'urgence parce que quand se présente une opportunité, il veut tout de suite y aller. Dans cette phase de son caractère, l'entrepreneur peut être mal vu dans une entreprise déjà installée vu que les activités sont déjà ficelées et évoluent et il y a la peur du risque. En fait, une opportunité évoque le fait de remettre quelque chose en marche, génère une innovation de rupture qui est différente de la nouveauté. L'innovation se distingue en ce sens que son objectif marketing et technologique est dominant.

L'Entrepreneuriat est un concept vaste et peut être perçu au sens strict ou au sens large. Au sens strict, l'entrepreneuriat est le fait de générer de la richesse et de l'emploi par l'action de créer ou le fait de redonner vie à une entreprise. Au sens large, l'entrepreneuriat est l'habilité de matérialiser une idée, de mettre en marche le projet, ce qui peut conduire, entre autres, à la naissance d'une entreprise, mais cela peut conduire aussi à l'intrapreneuriat (Action d'agir comme un entrepreneur en travaillant au sein d'une organisation dans laquelle vous êtes employé) comme qu'à une plus énorme employabilité (Capacité individuelle à acquérir et à maintenir les compétences nécessaires pour trouver ou conserver un emploi, s'adapter à de nouvelles formes de travail).

Pour réussir dans une affaire, tout ne dépend pas que de l'idée il faut également considérer s'il y a une bonne occasion avant de monter à bord. En tant que personne on peut posséder diverses idées qui abondent dans notre esprit. Dans le processus entrepreneurial, il y a ce qu'on surnomme l'évaluation de l'opportunité, qui aide à analyser les idées les plus favorables à accomplir. La majorité des entrepreneurs ont un processus d'évaluation d'opportunités cependant généralement ils ont l'occasion de élucider les choses dans leur tête ou ont de façon implicite un processus de l'accomplissement de l'idée.

Il est très fréquent d'entendre raconter que l'entrepreneur adore le risque, en réalité c'est faux. Ce que l'entrepreneur effectue c'est qu'il fixe ce qu'il est prêt à compromettre dans le processus.

L'autre aspect fondamental est de débuter là où on est avec ce que l'on a puisque les moyens sont limités.

L'entrepreneur doit être apte pour influencer son environnement, tout un réseau social d'individus qui vont s'enrôler à sa suite. Quand on voit les entreprises qui ont réussi, ce n'est pas uniquement à cause de la vente, c'est qu'elles arrivent à attirer un grand nombre de personnes autour de leurs produits services et résultats. Il y a entre ces individus, des salariés, des clients, des investisseurs, des personnes qui commande à nouveau ce produit et ainsi de suite. On pourrait penser que ces gens viennent à l'origine de l'argent cependant au démarrage d'un projet il n'y a pas assez de moyens financiers. L'entrepreneur va devoir faire fantasmer et remplir d'enthousiasme les gens à propos de son produit ou service.

Jim Ratcliffe, d'Ineos est très clair quant à la signification de l'esprit d'entreprendre pour lui :

> « Il s'agit tout d'abord de courage », affirme-t-il. « Vous devez avoir le courage de vos convictions. C'est facile de garder la tête baissée et de passer inaperçu, mais si vous voulez faire la différence, vous devez défendre ce en quoi vous croyez, sortir du bois et vous attendre à être abattu de temps en temps. Il faut être proactif et chercher activement le changement au lieu de devenir une victime des circonstances. »

- *« Un entrepreneur, c'est un individu qui a le courage de concrétiser ses rêves, d'ignorer les risques et d'utiliser son plein potentiel de créativité pour innover. »*

Valérie Bellavance
Directrice générale, Québec
Fondation Canadienne des Jeunes Entrepreneurs (FCJE)

- *«Un entrepreneur, c'est une personne qui passe à l'action.»*

Josée Cusson
Directrice des opérations
Fondation Canadienne des Jeunes Entrepreneurs (FCJE)

- *« Un entrepreneur, c'est quelqu'un qui voit des possibilités et des solutions là où les autres voient des problèmes, et qui sait ensuite saisir ces opportunités. »*

Christian Bélair
Directeur général
Regroupement des jeunes chambres de commerce du Québec (RJCCQ)

- « *Un entrepreneur, c'est une personne qui initie le changement pour un mieux-vivre.* »

Réjean Parent
Président
Centrale des syndicats du Québec (CSQ)

- « *Devenir entrepreneur, c'est se donner la liberté de se dépasser.* »

Louis Jacques Filion
Professeur titulaire
Chaire d'entrepreneuriat Rogers-J.-A.-Bombardier
HEC Montréal

- « *Un entrepreneur :*

- *C'est quelqu'un qui est porté par une vision et qui veut en faire un projet, puis une entreprise.*
- *C'est quelqu'un qui « sent » un besoin dans le marché et veut apporter quelque chose de nouveau.*
- *C'est un optimiste qui croit en lui-même.*
- *Préfère foncer dans le tas que de se perdre dans des analyses trop compliquées.*
- *C'est un impatient et ça ne va jamais assez vite à son goût.*
- *C'est un bagarreur, qui va défendre bec et ongle son produit et son service.*

- *Aime mieux négocier, acheter et vendre que de faire de la gestion. »*
Pierre Duhamel
Journaliste, conférencier, consultant – Affaires et économie

Concrètement, on peut dire qu'entreprendre c'est se munir d'un projet car toute entreprise commence d'une idée. Il peut s'agir d'une nouveauté révolutionnaire ou plus clairement d'une idée existante que l'on récupère ou de laquelle on s'inspire. Cette idée accouche des produits ou des services que l'on peut distribuer à cause de la mise en œuvre d'une structure bien déterminée.

Entreprendre c'est avoir une ambition, c'est être en même temps débonnaire et persévérant. C'est être déterminé à assumer diverses contraintes et être prêt à les dévier pour pouvoir matérialiser son projet. On utilise aussi fréquemment le terme esprit entrepreneurial pour indiquer ces esprits visionnaires et créatifs qui ont l'habilité de mettre au point un projet qui a en premier lieu mûri dans leur tête.

Entreprendre c'est avoir l'esprit large, l'ouverture sur le monde permet généralement de découvrir les petites idées qui nous convertissent en entrepreneurs. Il faut alors arriver à voir les envies et les besoins de ceux qui nous encerclent, pour découvrir ce qui les comblera. D'ordinaire, il est nécessaire de mener des études exactes (particulièrement des analyses de marché, des business plan, des études marketing) avant de se lancer sans réfléchir. Cela aide à se poser les bonnes questions et de prévenir de la sorte des erreurs stratégiques.

Car l'entrepreneur est un utopiste, qui désire avancer, de produire, d'inventer, d'initier; qui n'a pas peur du risque. Entreprendre, c'est une prévision de rentabilité et un potentiel qui se formule en monnaie.

L'entrepreneur est un rationnel, qui adore les chiffres. Avoir l'esprit d'entreprendre c'est pourchasser le rendement en projetant et en classifiant ses travaux et ses rendez-vous.

L'entrepreneur est un planificateur qui s'en donne à cœur joie prévoir, organiser et contrôler.

L'entrepreneur est un relationnel qui adore écouter, échanger, communiquer.

Pourquoi entreprendre ?

1- La reconnaissance

Votre famille, vos amis, et avant longtemps vos enfants, seront enthousiastes de votre péripétie professionnelle menée avec audace et engouement. Vous leur fournirez de ce fait, preuves à l'appui, l'exemple du succès rendu possible par le labeur et le compromis individuel.

2- L'indépendance
Vous êtes votre patron, vous décidez de votre agenda, de votre rémunération, de votre affaire et avec qui vous allez collaborer.

3- Le contrôle de votre avenir
Fonder et mener son entreprise englobe certainement une part de risques cependant en échange vous n'êtes pas dépendant d'un chômage venu d'en haut. Seul le consommateur est votre mentor et à vous de savoir vous harmoniser à ses changements.

4- La création
Durant votre vie professionnelle vous allez générer des emplois, instaurer des collaborateurs, joindre des partenariats avec d'autres entreprises, des associations, des institutions. Vous êtes un artiste de la vie économique et sociale.

5- Le développement personnel

Vous vous assiégez absolument dans un métier que vous avez élu. Vous dirigez une vraie aventure dont vous êtes le superman, vous devez concevoir des solutions, franchir des épreuves et expérimenter également la fierté du gagnant.

6- L'ouverture au monde
Votre travail ne se borne pas à votre pays de résidence. Vous déplacez pour apprendre et voir d'autres pays, marchés, techniques, cultures et horizons. Vous êtes au milieu des tendances de l'économie globale de notre siècle.

7- La possibilité de vivre bien
Vos rentrés sont l'unique récompense de votre capacité, de vos efforts et des risques que vous prenez, ils vous aident d'avoir un standing, une qualité de vie que vous distribuez avec ceux que vous adorez. Vous encaissez de l'argent et c'est le fruit de votre mérite.

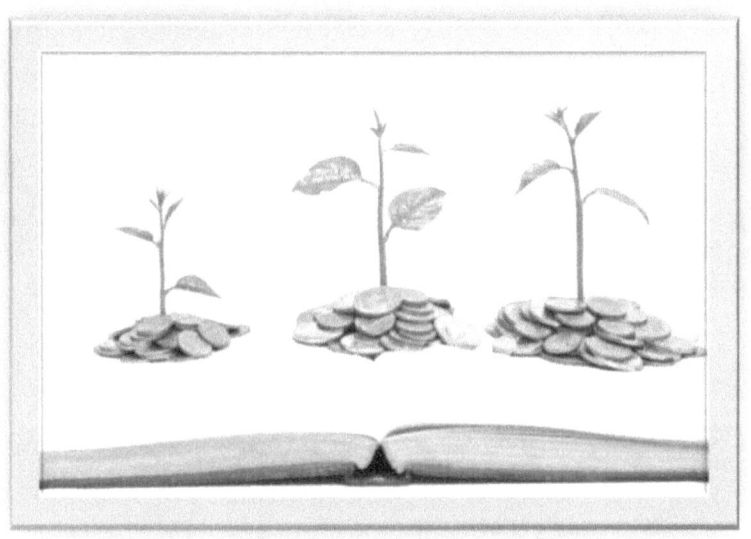

CHAPITRE 13

INVESTISSEMENT

Celui qui cultive son champ est rassasié de pain, mais celui qui poursuit des choses vaines est rassasié de pauvreté.

Voici ces quelques points à prendre en compte

- Le simple fait d'être salarié n'a jamais aidé personne à devenir riche. Il peut contribuer comme moyen ou être périodique, cependant ne comptez pas sur un seul revenu fixe pour faire fortune.

- S'enrichir à pas de tortue revient à devenir riche vieux. Si vous désirez devenir riche jeune, il faut retrouver la vitesse.
- Ce qui amène au fait qu'il faut avoir diverses sources de revenus et essayer de les multiplier en volume.

- Il faut que vous gagniez de l'argent quand vous êtes au lit, cela signifie que votre argent travaille pour vous et non le contraire.

- Vous devez connaitre la diversité entre les actifs et les passifs. Les actifs vous font gagner de l'argent et les passifs vous en font perdre.

- Augmentez les actifs au maximum. Les rentrés passifs produits par vos actifs connaîtront une croissance exponentielle si vous savez bien administrer votre argent.

- L'entreprenariat est un chemin qui mène à la richesse puisque les revenus ne sont pas limités et que vous avez le contrôle.

- Si vous convoitez l'effet de boule de neige, vous devez pouvoir étendre et élargir rapidement votre business.

Si vous avez une idée extraordinaire et que vous la mettez en place, tout peut aller très rapide. Si vous faites un très bon investissement et que vous vous accentuez sur vos capacités de gestionnaire tout peut aller très rapide. Mais soyez déterminé à prendre des risques.

L'entrepreneur a besoin de ressources financières pour fonctionner, de ressources humaines pour s'élargir.

Qu'est-ce que c'est l'investissement?

On dénomme investissement les dépenses réalisées par l'entreprise pour augmenter ses capacités de production. Cette augmentation peut prendre deux formes. La première, baptisée amortissement, a pour finalité de substituer des machines usées ou encore obsolescentes, cela signifie surpassées par le progrès technique. La deuxième est consacrée à procurer de nouvelles machines dans le but d'améliorer la production de l'entreprise.

L'investissement est l'activité qui rêve soit à maintenir, soit à augmenter le stock de capital d'un agent économique. Par exemple, les ménages investissent quand ils acquièrent un logement, l'État investit quand il construit une route et les entreprises investissent quand elles procurent une machine.

Le stock de capital de l'entreprise est composé de machines, d'ordinateurs, de logiciels informatiques, de véhicules, de terrains, etc. Ce capital aide à l'institution de créer des produits ou des services. En comptabilité d'entreprise, l'ensemble de ces biens engendre les immobilisations.

Il y a deux formes d'immobilisations, les immobilisations corporelles et les immobilisations incorporelles. Les immobilisations corporelles indiquent la partie physique de l'entreprise, cela signifie surtout les murs et les machines ; les immobilisations incorporelles représentent la partie non physique, autrement dit le savoir, les logiciels, les fonds de commerce et les brevets. Il y a alors deux formes d'investissements, joints à la composition soit corporelle soit incorporelle des immobilisations.

L'investissement des entreprises, de la même manière que la consommation des ménages, est un facteur moteur de la croissance économique. Les entreprises qui investissent participent en d'autres termes à la diffusion du progrès technique et, donc, à la croissance de la productivité. Inversement, c'est en accord au degré de développement économique que les entreprises choisissent d'investir. Investissement et croissance interfèrent et cette interférence est l'une des obstacles de l'analyse économique de l'investissement.

En économie, un investissement est un débours immédiat sujet à augmenter, à l'avenir, la richesse de celui qui l'engage.

L'investissement entraine une croissance solide puisqu'il agit en même temps sur la demande et sur l'offre. La fonction motrice de l'investissement sur la demande économique a été prononcée par Keynes. Cependant Keynes a particulièrement développé l'effet multiplicateur de l'investissement qui emmène une croissance plus puissante que son montant initial.

Vous devez savoir que premièrement les retours élevés accompagnent souvent les risques importants. Personne ne vous donne quoi que ce soit. S'il y a une possibilité de gagner beaucoup, c'est parce qu'il y a aussi la possibilité de perdre beaucoup.

Ne soyez pas gourmand. Vous avez toute votre vie devant vous. Agir avec une tête, pas à pas et avec un bon pied. Ne vous pressez pas, il y a du temps pour tout.

Avant d'investir (argent ou autre), formez-vous, acquérez des connaissances, devenez un connaisseur sur le sujet, apprenez ce que vous allez faire.

Investissez non pas ce que vous avez, mais ce que vous obtenez. Vos besoins fondamentaux viennent en premier. Votre famille vient en premier N'investissez pas ce que vous n'avez pas, ou ce que vous avez mais dont vous aurez bientôt besoin pour des choses importantes. Cela inclut évidemment ne pas emprunter pour investir. Dette = chaînes, mort, esclavage. Ne travaillez pas pour eux. Et si vous avez déjà des dettes, faites de votre mieux pour en sortir.

Fuyez ceux qui ne vous offrent pas la sécurité, mais seulement des mots. Il y a des gens qui parlent très bien, qui portent un costume et une cravate et pour ces simples données, vous pensez qu'ils sont quelqu'un. Fuis à qui tu n'aspires que l'apparence. Demandez des informations d'identification, de l'expérience, de la sécurité, des données, des chiffres.

Cela dit, et pour entrer dans la matière, voyons où vous pouvez investir de l'argent. Je le fais depuis des années, c'est une activité très intéressante, bien que ce que je vais dire ici ne soit que des possibilités objectives. Je n'encourage ni ne défends quoi que ce soit. Je me limite à exprimer ce que je sais et ce que je fais. Ne l'interprétez pas comme une poussée que je veux vous donner. C'est très délicat. Chacun est libre de prendre ses décisions et doit faire l'expérience des conséquences de ce qu'il fait. En tout cas, il y a des différences de profils, de pays, d'époques ... donc chaque cas est un cas.

Où investir de l'argent?

1) Immobilier

Mon option préférée. Et oui, je sais qu'il y a des bulles immobilières, des risques, etc. Pourtant, c'est mon option préférée, essentiellement pour deux raisons:

L'immobilier, en particulier le logement, sont des biens de base. Vous aurez toujours besoin d'appartements, comme du pain, de l'huile, des chemises, des pantalons, c'est-à-dire qu'il y aura toujours des gens qui les achèteront, car il y aura toujours des gens qui auront besoin de vivre sous un toit.

Les possibilités d'investissement et d'obtention de profits sont multiples. Vous n'êtes pas condamné à une chose. Vous pouvez louer le bien ou le revendre pour réaliser un gain en capital.

Par immobilier, nous avons une grande variété d'hypothèses, principalement:

- Logement, comme nous l'avons dit, pour que les gens puissent vivre. Vous les louez, vous les vendez plus tard.

- Locaux commerciaux, pour les commerces, les entreprises, qui ont tendance à être plus chers que le logement.

- Terrain rustique, qui offre l'avantage que sa charge fiscale est inférieure à l'immobilier. Un autre avantage est que vous pouvez développer une activité agricole en confiant leur gestion et leur travail à des tiers, avec lesquels vous avez une activité pleinement opérationnelle.

Comme je l'ai dit au début, c'est mon option préférée quand il s'agit d'investir de l'argent. Le risque est faible et les rendements et les possibilités de profits très raisonnables. La volatilité est également rare.

Il peut y avoir des variations de prix mais elles se manifestent dans des cycles relativement prolongés dans le temps, c'est-à-dire qu'elles peuvent être vues venir, pas comme dans le cas que nous allons voir maintenant.

2) Marchés Boursiers

Une autre option intéressante SI VOUS SAVEZ CE QUE VOUS FAITES (emphase en majuscules).

Je suis en faveur d'apprendre une méthode et de la suivre. Rien à essayer, agissez selon ce que dit la presse spécialisée, laissez-vous guider par quelqu'un, qui à son tour se laisse guider par quelqu'un.

Sur les marchés de valeurs mobilières (bourses), les possibilités d'investissement sont également multiples. Il y a des gens qui optent pour des sociétés qui offrent de bons avantages (dividendes) et d'autres qui préfèrent la spéculation (acheter à bas prix pour vendre cher). Ce dernier m'a toujours attiré plus.

Vous pouvez gagner de l'argent non seulement lorsque le prix des actions augmente, mais aussi quand il baisse, c'est pourquoi j'ai dit que les possibilités sont multiples.

Si vous aimez le risque, vous avez l'option de levier et si, d'un autre côté, vous ne voulez pas vous réchauffer la tête, vous pouvez apprendre d'une manière simple comment investir dans des fonds indiciels ou des options similaires.

3) Produits Financiers

Au sens strict, ils se réfèrent à différents chiffres dans lesquels vous pouvez investir de l'argent pour financer les autres. Autrement dit, vous avez de l'argent, vous avez besoin d'un autre, vous vous trouvez, vous le prêtez et il l'utilise.

Cet autre peut être une entité privée, par exemple une entreprise (obligations d'entreprise) ou une entité publique, si vous êtes si innocent que vous pensez que l'État dépense ce qu'il perçoit en impôts, je dois vous sortir de l'erreur: l'état dépense ce qu'il Il enlève (impôts), ce que vous endetter, ce que vous avez, ce que vous n'avez pas et ce que vous mettez devant vous. Les États et les gouvernements sont de véritables prédateurs financiers; il leur arrive comme à la banque, ils n'en ont jamais assez.

Au sens large, lorsque nous parlons de produits financiers, nous nous référons à tout type de produit qui nous donne un rendement pour notre argent. Cela inclurait également, par exemple, les plans de retraite.

4) Startups

Les startups sont des entreprises technologiques, qui éclatent avec de nouveaux modèles d'affaires pour répondre à de nouveaux besoins (ou pour les créer), et pour cette raison ils manquent de références pour leur valorisation.

C'est un pur risque, il n'y a rien qui puisse vous aider à établir des paramètres. Ils peuvent partir de chagrin ou récolter des succès incroyables.

Je dois admettre qu'avant eux je rencontre une contradiction curieuse, je ne suis pas un amoureux du risque mais je suis fortement attiré, en fait je suis un investisseur dans plusieurs d'entre eux.

C'est étrange, j'adore la vision que certaines personnes ont de concevoir des affaires et des projets dans un monde aussi changeant que le nôtre, la capacité d'anticiper l'avenir et peut-être les désirs des gens.

Cela me fascine tellement que parfois j'investis.

Maintenant, je l'ai déjà dit, j'investis ce dont je n'ai pas besoin, et si je perds, cela n'influencera négativement aucun aspect de ma vie.

5) Crowdlending

Crowdlending est une variante du financement participatif. Si tu ne sais pas ce qui n'est ni l'un ni l'autre, je te dirai:

- Le *financement participatif* est une forme d'investissement qui consiste à verser de l'argent à plusieurs personnes, habituellement en petites quantités, à un projet ou à une entreprise en cours ou qui va naître.

- Le *crowdlending* est une forme d'investissement qui consiste à prêter de l'argent entre plusieurs personnes à un autre ou à d'autres. Il deviendrait le substitut ou l'alternative moderne et démocratique à la banque.

Le crowdlending est très bon. Les profits sont discrets, nous ne trichons pas, mais vous avez votre argent là-bas, produisant un rendement sans avoir à faire grand-chose.

Une modalité de crowdlending est le financement des entreprises à travers des formules différentes des prêts, par exemple les escomptes de billets à ordre. Lorsqu'une entreprise reçoit un billet à ordre de quelqu'un et doit le récupérer à l'avenir, si vous avez besoin de l'argent avant de pouvoir déduire le document, collectez-le à l'avance et payez des intérêts en échange. Il y a des plateformes qui facilitent ces opérations et dans lesquelles vous pouvez investir l'argent.

Les règles d'investissement

- Investissez dans une vision à long terme

« *Notre période préférée de détention est pour toujours.* » Warren Buffett (investisseur et philanthrope américain)

Un prévoyant qui économise de l'argent avec une vision à long terme dans le but de pouvoir réagir face à des moments dures, a largement plus de chances d'arriver à ses fins que celui qui cherche à spéculer sur le marché en chasse de gains instantanés.

Plus vous investissez dans la durée, plus la valeur de départ de votre investissement est sujet à jouir de l'effet de la capitalisation. Un grand nombre d'investisseurs sont déjà habitués avec le concept de capitalisation via leur compte épargne. La capitalisation est le mécanisme par lequel des intérêts parviennent à s'additionner à votre investissement de départ et qui, à leur tour, engendrent d'autres intérêts. À la longue, cela peut faire une grande différence, aussi longtemps que vous investissez à nouveau vos profits.

- Prenez en compte les valorisations

Quelle que soit la méthode que vous préférez pour investir, il est indispensable de ne pas payer plus que l'essentiel pour la durabilité des gains d'une société ou ses visions de développement. Tout est donc question de patience. Il faut espérer que la meilleure occasion se présente. Nous sommes persuadés qu'investir votre argent dans une bonne entreprise à un prix adéquat peut généralement se confirmer plus sage que d'investir dans une entreprise convenable à un bon prix.

- Concentrez-vous sur le résultat concret

L'inflation, la fiscalité et les frais indiquent trois des éléments pouvant avoir un effet négatif sur le taux de résultat concret de votre investissement. Il y a quelques alternatives aidant à diminuer les frais, surtout les outils assurant une défense contre l'inflation, telles que les obligations indexées sur l'inflation (titres conçus à aider les investisseurs à se protéger contre l'inflation). Une autre option est l'immobilier d'entreprise où les loyers sont généralement amplifiés au même rythme que l'inflation de façon à faire cas de la hausse des prix.

- Diversifiez vos risques

Disposer d'un portefeuille différé d'investissements non liés les uns avec les autres peut permettre de diminuer les risques par comparaison à un placement dans un seul actif ou sur un même marché, ainsi que d'autres dangers moins sensibles comme l'inflation, qui peut avoir pour résultat de détériorer la valeur des actifs en cas d'accélération. Les actions, les obligations (titres de créance conçus habituellement par une entreprise ou un État, à un taux d'intérêt généralement fixe et pour une durée donnée, à la fin de laquelle la dette est restituée), l'immobilier et les liquidités réagissent autrement par rapport aux conditions de marché. Adopter diverses classes d'actifs peut alors aider à éviter de voir la valeur de tous vos investissements évoluer à la hausse ou à la baisse en même temps.

La diversification géographique coopère aussi à diversifier les risques. Investir dans des placements comme les OPCVM peut également permettre de résoudre nombre des difficultés jointes à la gestion d'un énorme portefeuille. Finalement, et notamment, tout investisseur doit se déterminer un degré de risque où il se sent bien à sa vision d'investissement.

- Ne joignez pas la foule

« Soyez craintif quand les autres sont avides. Soyez avide quand les autres sont craintifs. » Warren Buffett (investisseur et philanthrope américain)

Comme nous avons pu le remarquer l'effet de boule de neige en 2008, suite au krach de la banque d'affaires américaine Lehman Brothers, des nouvelles fortuites ou fatales peuvent avoir des effets significatifs sur l'évolution des marchés d'actions. Bien sûr, un grand nombre d'entreprises défensives, produisant des flux de trésorerie considérables et à même de générer de la valeur dans différentes conditions de marché, ont généralement pâti du même sentiment négatif qui a amené à la baisse les cours des actions de sociétés plus sensibles à la conjoncture économique et de moins bonne qualité.

- Investissez dans ce que vous appréhendez

« L'investissement dans la connaissance est celui qui rapporte le plus d'intérêts. » Benjamin Franklin (l'un des pères fondateurs des États-Unis d'Amérique, 1706-1790)

Si un portefeuille bien établi peut être la cause de performances cohérentes pour un investisseur, le contraire est aussi vrai. C'est un jeu d'enfant d'accuser des pertes inévitables en plaçant de l'argent dans un actif qui n'agit pas comme prévu. Il est impératif pour tout épargnant de prendre le temps de la réflexion dans le but d'être sûr de bien appréhender ce qu'il désire avoir.

- Esquiver l'excès de confiance

L'antécédent ne préjuge d'aucune manière de la façon dont un investissement pourrait être à l'avenir et les investisseurs se doivent de tenter d'apprécier les risques possibles joints à un investissement précis avec ses bénéfices potentiels.

La valeur des investissements peut fluctuer et également faire baisser ou améliorer la valeur liquidative des fonds. Vous pouvez alors ne pas récupérer votre investissement de départ. Veuillez remarquer que les performances antérieures ne préjugent pas des performances à venir. Sachez que la valeur de votre placement peut transformer à la hausse comme à la baisse à cause des fluctuations des taux de change.

Troisième partie

LES QUATRE (4) ÉTAPES CLÉS POUR SORTIR DE L'ENDETTEMENT

CHAPITRE 14

ETRE EN BONNE SANTE

D'après la définition de l'OMS (Organisation Mondiale de Santé), la santé désigne un état de bien-être complet, comprenant l'état physique, mental, social, environnemental. Donc la santé n'est pas uniquement le fait d'être malade ou d'être atteint d'un handicap. C'est un concept relatif, ressenti par chaque individu. Aucune mesure concrète ne peut mesurer la santé, vu que la santé est le fait de satisfaire tous ses besoins (affectifs, nutritionnels, relationnels, sanitaires...). En médecine, la santé est l'absence de maladie.

Il faut donc éviter de vouloir évaluer de l'état de bien-être, donc de santé d'un individu à partir de notre propre expérience de vie. Nous pouvons ne pas comprendre la vie d'autrui, surtout quand elle est très écartée de nos critères, cela ne veut pas dire que la personne est en mauvaise santé pour autant.

D'après l'éclaircissement de la santé fourni par OMS nous pouvons dire que lorsque nous commençons à ne pas nous sentir bien dans notre vie, nous nous détournons de la santé et nous débutons à prendre la voie de l'arrivée de signes de maladies.

L'état de santé physique est calculé grâce aux données proportionnelles aux maladies et aux traumatismes qui troublent tous les systèmes du corps humain, respiratoire, digestif, nerveux, reproducteur, etc. On peut également prendre en compte des événements naissant au sein d'une population, telle que les épidémies.

L'état de santé mentale et psychosociale est mesuré grâce aux données sur la santé mentale dans ses constituantes positives, sur les difficultés d'adaptation sociale impliquant les divers types de violence, de négligence et d'abus, sur l'intégration sociale et sur la croissance de l'enfant.

Quoi faire pour être en bonne santé ?

Être en bonne santé désigne notamment de ne pas être malade. Être en bonne santé signifie se sentir bien, dans tout son corps et dans la société. Notre comportement quotidien va aider beaucoup. Voici quelques points et règles indispensables pour qu'on reste en bonne santé :

1- Avoir beaucoup d'activité physique. Pour rester en bonne santé notre organisme a besoin d'activité physique fréquente. Marcher pour le plaisir, faire du vélo, monter les escaliers à pied, faire du sport, autant d'activités bénéfiques pour les enfants aussi pour les adultes. Notre rythme respiratoire et notre pouls devraient augmenter durant au moins une demi-heure quotidiennement. Les enfants ont besoin de déplacer beaucoup et le font avec plaisir.

2- Être heureux et serein. Notre bonheur interne et notre sérénité sont des points forts qui nous permettent également d'affronter les problèmes de la vie. Malgré notre équilibre et notre sérénité soient influencés par des facteurs externes, nous en sommes cependant les premières responsables. Si nous espérons que d'autres gens nous fournissent un sentiment de bonheur, cela nous rend assujettis.

3- Manger de manière saine. Manger de manière saine ne veut pas juste dire se nourrir suffisamment. Une nourriture équilibrée est primordiale pour maintenir notre organisme en bonne santé. Pour notre bonheur, il est nécessaire de se nourrir quotidiennement des fruits et des légumes et de boire beaucoup de boissons non sucrées. Évitez autant la graisse et le sucre, car ils sont mauvais pour notre organisme. Si ce que nous avons dans notre assiette est indispensable, une belle ambiance au bord de la table familiale l'est également. Les enfants doivent aussi savoir à manger de manière saine. Donc, ils ont besoin de l'exemple des parents et de leurs conseils.

4- Faire partie d'une famille. Ça peut consolider le sentiment de sécurité et de bonheur. Qu'il s'agisse d'une petite ou d'une grande famille, chaque individu a sa propre personnalité. Pour que la vie de famille soit parfaite, compréhension et respect mutuels sont essentiels.

5- Avoir des amis. Nous avons également besoin, à part de notre famille, de gens avec lesquels nous nous sentons à l'aise, en qui nous avons confiance, avec lesquels nous pouvons rire et qui nous supportent quand nous avons des difficultés. De bons contacts avec d'autres individus ne se font pas constamment par le biais des paroles. On peut également s'exprimer grâce à sourire ou un geste sympathique.

6- Posséder suffisamment d'argent pour vivre. Le monde a tendance à fusionner argent et bonheur. Nous pensons que pouvoir procurer telle ou telle chose nous rendrait heureux. L'argent n'est pas tout. En revanche nous sommes en joie de posséder assez d'argent pour acquérir ce qui nous est nécessaire au jour le jour. Si ce n'est pas le cas, le service social de la commune ou un service de conseil budgétaire peuvent apporter une assistance. Dans notre monde, les enfants et les adolescents sont eux également toujours incités à consommer. À l'aide de notre soutien et à l'exemple que nous leur donnons, ils apprennent à déterminer leurs priorités et à admettre les limites.

7- Avoir des rêves et des ambitions. Nos rêves et nos ambitions nous aident souvent à nous échapper du quotidien. Ils appartiennent à notre monde intérieur. Ils peuvent également nous inciter pour apporter un changement dans notre vie. Quand les rêves et les ambitions prennent trop de place dans notre vie, ils tiennent à nous empêcher d'observer les bonnes choses de notre quotidien qui valent d'être jouies, améliorées et soutenues. Il arrive que nous enseignions à nos enfants des rêves que nous n'avons pu aboutir nous-mêmes. Cela peut rendre leur croissance difficile et surcharger leur parcours dans la vie. Nos enfants ont besoin d'avoir leurs propres rêves et doivent découvrir leur propre voie dans la vie.

8- Se permettre des moments de relaxation. La famille, les enfants, le travail, peut-être des contrariétés ou le mal du pays, tout cela peut causer bien du stress et des pressions. Il est nécessaire donc de se permettre de temps en temps une pause et de s'accorder des moments de relaxation. Il ne suffit pas d'espérer que la pression et le stress se disparaissent. Mieux vaut rechercher délibérément la détente et le repos. Le premier pas est de prendre quotidiennement un temps pour cela, même si ce n'est que certaines minutes. Par exemple pour faire une promenade, chanter, danser, lire, prendre un bain, bien respirer, faire une petite sieste.

9- Vivre ma sexualité de manière adéquate. La sexualité est un domaine très intime. Chaque être humain vit sa sexualité d'une façon diverse et selon d'autres besoins. Les relations sexuelles ne devraient pas considérer comme un devoir cependant une source de détente. Une sexualité convenable est également faite de paroles et de gestes douces, de temps, d'attention et d'égards, envers son partenaire comme de soi-même. Sans quoi le risque est d'omettre ses propres besoins et désirs et de ne pas préserver sa santé physique et psychique. Pour se préserver du sida dans une relation amoureuse, il faut que les conjoints soient fidèles ou qu'ils se protègent en utilisant des préservatifs.

10- Avoir un travail convenable. Que l'on travaille à la maison comme ménagère et mère au foyer ou que l'on ait une activité professionnelle, la joie que l'on trouve dans son travail ne dérive pas seulement de ce que l'on réalise, mais également de son propre comportement. Souvent nos désirs sont loin de la réalité. Ce n'est pas facile, cependant s'irriter à ce point ne progresse rien. Il est préférable de penser à la façon d'accroître ses chances sur le marché du travail. Surement qu'un cours pour mieux communiquer la langue locale ou une autre formation continue pourrait être de mise.

11- Dormir suffisamment. Le nombre d'heures de sommeil indispensable pour se sentir détendu le matin évolue d'une personne à l'autre. Il conduit de prendre ses propres besoins au sérieux et d'aménager son rythme veille, sommeil compte tenu de la situation. Le stress, le bruit et la lumière peuvent défavoriser le sommeil. Regarder des films provocants ou inquiétants peut nuire le sommeil, notamment chez les enfants. Se mettre au lit à heure régulière et de petits rituels avant de commencer à dormir permettent les adultes et les enfants de trouver un agréable sommeil.

12- Prévenir le stress. Le stress est très fatal pour la santé. Il occasionne des migraines et peut produire entre autres des troubles cardiaques. Le stress détruit en tous points et il est obligatoire de lutter contre ce stress. Pour ce faire, il faut apprendre à décrocher, à relaxer et à respirer.

CHAPITRE 15

TROUVER LE BONHEUR

- Aristote : «Le bonheur consiste dans la vie heureuse et la vie heureuse, c'est la vie vertueuse.»

- Socrate: «Le bonheur c'est le plaisir sans remords.»

- Jules Barbey d'Aurevilly: «Le bonheur consiste dans la vie heureuse et la vie heureuse, c'est la vie vertueuse.»

- Somerset Maugham : «Le bonheur consiste dans la vie heureuse et la vie heureuse, c'est la vie vertueuse.»

- André Maurois : «Le bonheur n'est jamais immobile ; le bonheur c'est le répit dans l'inquiétude.»

- Groucho Marx: «L'argent ne fait pas le bonheur, et c'est absolument vrai, mais, c'est une chose bougrement agréable à posséder dans un foyer.»

- Jean-Jacques Rousseau: «Il n'y a point de bonheur sans courage, ni de vertu sans combat.»

- Sigmund Freud: «Le bonheur est un rêve d'enfant réalisé dans l'âge adulte.»

- Confucius: «Tous les hommes pensent que le bonheur se trouve au sommet de la montagne alors qu'il réside dans la façon de la gravir.»

- Sénèque: «On ne peut être heureux quand on ne vit que pour soi, quand on rapporte tout à son propre intérêt. On ne vit vraiment pour soi qu'en vivant pour un autre.»

- Antoine de Saint-Exupéry: «Si tu veux comprendre le mot bonheur, il faut l'entendre comme récompense et non comme but.»

- Saint Luc: «Il y a plus de bonheur à donner qu'à recevoir»

- Voltaire: «Le bonheur est souvent la seule chose que l'on puisse donner sans l'avoir et c'est en le donnant qu'on l'acquiert.»

- Jean de La Fontaine : «Ni l'or ni la grandeur ne nous rendent heureux.»

D'après Kant, le bonheur ne peut pas être développé par des mots. Nous ne pouvons exprimer avec conviction ce qui nous fera trouver le bonheur puisque pour cela il nous faudrait une compréhension complète de nous-mêmes et du monde. Être heureux n'est pas un abstrait de la raison mais un abstrait de l'imagination.

Le bonheur peut être créé de deux façons distinctes, ou bien tel un sentiment réel, ou bien comme une conception abstraite. Dans la première façon, le bonheur serait alors concret, perçu, une sorte de plaisir, il s'expérimenterait. Dans la seconde façon, le bonheur ne s'expérimenterait pas dans l'immédiat, il serait de préférence une sentence porté tardivement, sur sa vie.

Si le bonheur est une sentence, on peut également l'imaginer de plusieurs manières. Premièrement, comme une sentence visant à considérer si nous avons été bien ou mal, si nous pouvons ou non nous sentir heureux, cela signifie si nous sommes chanceux ou non. Cela interpelle aussi l'origine du mot bonheur (bonheur, bonne chance : « heur » veut dire « chance » en vieux français, et également actuellement dans le langage *avoir la chance de* : « je n'ai pas l'heur de lui plaire ») et certains langages (au petit bonheur, par bonheur). C'est de cette manière-là qu'on s'estimera heureux, par exemple, si on est sorti en vie d'un accident d'avion, même si on est paralysé à vie, même si on souffre dans le corps (et qu'on ne saurait alors trouver le bonheur au sens d'un vécu, d'un sentiment).

On peut également dire que le bonheur est une sentence étant donné toute sensation est douloureuse, seuls la douleur et le malheur s'expérimenteraient, le bonheur, à l'inverse, ne serait rien de positif, il n'indiquerait que le manque de malheur ou de douleur. C'est par exemple l'opinion de Schopenhauer.

Finalement, le bonheur sera également une sentence si on l'imagine non comme un divertissement cependant comme le triomphe ou la plaisir d'avoir bien agi, là également il s'agit d'une sentence sur notre antécédent. Par conséquent, d'après les Stoïciens, le bonheur se restreint à la vertu, l'homme vertueux, qui agit bien, est heureux. Il ne s'agit pas ici d'un sentiment (l'opinion stoïcienne du bonheur concerne exactement à présenter qu'on peut être heureux dans la peine) cependant à l'inverse d'une sentence sur notre action antérieure, sur sa qualité vertueuse, sur la possibilité que nous avons eue à vaincre nos aptitudes et nos envies et à faire le bien.

On observe que la différence entre vécu et sentence correspond avec la différence entre abstrait et concret, et également avec la différence entre relatif et absolu, plus exactement, si le bonheur est maitrisé, c'est quelque chose de gagné, complet au sens où ça ne découle d'aucune autre chose; cependant, si notre bonheur est une sentence qui confronte notre destin à celui des autres ou à un sort médian (ce qu'il était sagement autorisé d'attendre), donc le bonheur découle d'une rapprochement, il est relatif.

Le contraste entre bonheur et plaisir peut être voir de deux façons, on peut constater que le bonheur est pérenne, alors que le plaisir est momentané. Cependant on exprime quelquefois d'un instant de bonheur, et on ne veut donc pas simplement exprimer un instant de plaisir, ce qui différencie alors, au-delà de la durée, le bonheur du plaisir, c'est le concept que le bonheur est plus complet, qu'il indique un bien-être entier du corps et de l'esprit, pendant que le plaisir ne regarde que le corps.

On peut également souligner que tout sentiment paraît momentané, puisque nous avons notamment connaissance de l'évolution, par exemple, dans un spectacle, notre œil est incité par ce qui déplace; également, bien des fois on ne prend conscience d'un son que lorsqu'il s'arrête, ou lorsqu'il débute; également, on peut concevoir que toutes les sensations sont momentanés, alors que le plaisir est la conscience d'une évolution. Cela monterait que le plaisir ne puisse être pérenne, puisque tout sentiment qui se prolonge arrive à se faire taire, on s'y habitue. Par exemple, l'homme s'adapte à la douleur (le malade arrive à ne plus réfléchir à son mal) également qu'au plaisir (une fois guéri, il se divertira dans les premiers temps, cependant après quelques jours il n'aura plus conscience de son contentement). Le plaisir et le bonheur ne pourraient subsister que dans l'évolution, et à partir de leurs opposés (la douleur et le malheur).

Si le sentiment est principalement différentiel, nous avons alors la liberté de choisir entre vivre de grands plaisirs interrompus de grandes souffrances, ou ne vivre qu'un état durable de bien-être cependant qui nous semblerait fade et serait éprouvé sans grand plaisir.

Le bonheur est strictement attaché au désir, bien sûr, le sujet au plus haut point du désir n'est-il pas le bonheur ? Et le bonheur ne constitue-t-il pas de la satisfaction de nos envies ? Nous allons alors nous mettre à étudier les liens entre le bonheur et le désir.

Le bonheur se trouve dans la satisfaction de nos désirs, telle est l'opinion hédoniste. L'hédonisme désigne la notion qui fait du plaisir la valeur extrême, l'objectif de la vie, qui distingue bonheur et plaisir. Or, le plaisir est considéré comme ce qui escorte la satisfaction de tout désir ; alors le bonheur se manifestera, pour l'hédoniste, par la satisfaction des désirs.

On peut identifier deux versions fondamentales de l'hypothèse hédoniste, il existe ceux qui attestent que le bonheur se définit comme combler tous nos désirs, et ceux qui préconisent de ne chercher à combler que quelque désirs.

Le bonheur se trouve dans la limitation de nos désirs, comme dit la théorie stoïcienne. Bien sûr, si le bonheur est constitué de la satisfaction de nos désirs, cette satisfaction peut être aboutie de deux façons, en combinant le monde à nos désirs, cela signifie en essayant de découvrir ce qu'on désire, en combinant nos désirs au monde, cela signifie en cherchant à désirer ce que l'on a. Cette inversion de vue est miraculeuse, il paraît permettre de parvenir un bonheur complet, quelles que soient les cas. Cependant il ne va pas sans complication.

Le bonheur se trouve dans l'anéantissement du désir, telle est l'opinion pessimiste. On pourrait également dire que, pour les pessimistes, il n'y a juste pas de bonheur. Par pessimiste, j'indique notamment la philosophie de Bouddha (qui a mis au monde la religion bouddhiste) et celle de Schopenhauer.

Le bonheur se trouve dans l'évolution des désirs, telle pourrait être une opinion du bonheur basée sur la notion de sublimation. Bien sûr, la sublimation indique le fait de bouger un désir vers une finalité autre que sa finalité de départ.

L'idée est simple, le vrai bonheur doit être pérenne. C'est aussi une particularité qui peut identifier le bonheur du simple plaisir. On repère ce point de vue chez Aristote.

On repère également chez Montaigne ce point de vue qu'on ne peut juger du bonheur qu'au jour de sa mort. Non seulement parce que donc on voit juste l'ensemble de sa vie, mais également parce qu'on voit sa façon de résister face à la mort. Assurément, il est préférable d'avoir un bonheur pérenne qu'un bonheur momentané. Cependant c'est plus simple à dire qu'à réaliser. Après avoir déterminé le bonheur comme conquête du plaisir et contournement de la souffrance, Freud signale la complication de parvenir à un bonheur pérenne.

Le bonheur est à chercher dans l'instant présent.

> *Que chacun examine ses pensées, il les trouvera toutes occupées au passé et à l'avenir. Nous ne pensons presque point au présent ; et, si nous y pensons, ce n'est que pour en prendre la lumière pour disposer de l'avenir. Le présent n'est jamais notre fin : le passé et le présent sont nos moyens ; le seul avenir est notre fin. Ainsi nous ne vivons jamais, mais nous espérons de vivre ; et, nous disposant toujours à être heureux, il est inévitable que nous ne le soyons jamais.*

Pascal, *Pensées*, § 172

Pascal est pessimiste, et il ne pense pas qu'un individu puisse découvrir le bonheur, pas même en se focalisant sur l'instant présent, puisqu'il tombe donc dans l'ennui, cela signifie la douleur d'examiner son misérable état en face.

Cependant on peut être peu pessimiste, et juger qu'en omettant un peu l'avenir et en se concentrant davantage à l'instant présent il est probable de trouver le bonheur. Par conséquent, le philosophe André Comte-Sponville affirme, dans son *Traité du désespoir et de la béatitude*, que la clé du bonheur est de renoncer à l'espoir. Platon s'est illusionné, dit-il : il a mélangé le désir et l'espoir. Le désir n'est pas toujours manque, c'est l'espoir qui est toujours manque, on peut vouloir ce qu'on a, tandis qu'on n'espère jamais ce qu'on a. Fort de cette différenciation, Comte-Sponville préserve le désir et rejette l'espoir. L'espoir est ce désir ridicule qui ne peut que nous livrer au malheur, qui nous dévie de notre bonheur actuel pour un bonheur incertain et qui ne dépend pas de nous.

Finalement, un grand nombre de poètes ont mis leur art au service de ce message fondamental : *carpe diem*. Exploitez l'instant présent. Comme Horace, Ovide, ou Ronsard, Cueillez dès aujourd'hui les roses de la vie.

Certainement, en philosophie, du moment qu'on dit quelque chose, vous pouvez être certains qu'on peut dire également l'inverse. Sans quoi ça ne serait pas de la philosophie cependant de la science. Quelques-uns disent que le bonheur est au présent, certains diront que le bonheur est au passé. Cependant cette distinction d'opinions probables ne doit pas vous faire tomber dans le relativisme qui dit que la vérité est une, puisque la réalité est une. En philosophie, la vérité est hypothétique, il faut que vous choisissiez vous-mêmes ce qui vous paraît réel.

Premièrement, si le bonheur est l'opposé du malheur, il résulte forcément d'une sentence sur notre passé. Pour Schopenhauer, par exemple, le bonheur n'est sans plus que l'éloignement de malheur. Trouver le bonheur, c'est remarquer qu'on ne souffre plus. C'est alors toujours une sentence sur notre passé qui fait notre bonheur, comparativement avec notre condition actuelle. Le bonheur, s'il existe, nous avons remarqué que ce n'était pas clair pour Schopenhauer, peut alors être conjugué au présent, cependant il n'est manifeste que par une sentence sur notre passé.

Cependant on peut aller plus loin, et convenir que le bonheur en soi est d'abord au passé. Les périodes les plus heureuses de notre existence ne sont-elles pas plus belles encore dans notre mémoire que lorsque nous les vivons? Puisque lorsque nous vivons ces périodes, nous sommes attrapés dans l'action, et nous sommes remplis de l'ambiguïté à propos du futur. Nous ne savons pas ce qui va se produire, ni si ce bonheur va continuer.

Donc, nous n'en apprécions pas de la même façon que lorsque nous observons ces mêmes périodes, une fois arrivés, dans nos mémoires. Donc toute ambiguïté a pris les voiles, et ces spectacles de notre existence s'installent dans le passé, déduits à la fortune, indissolubles, pour toujours. Et quel plaisir de reconsidérer ces mémoires. Notre pensée les rende plus belles sans arrêt, la mélancolie les illumine de sa lumière frisante. Nous les mythifions, si bien que le bonheur actuel parait bien blême par rapport aux bonheurs antérieurs. Notre esprit est un récipient, et nos mémoires sont du vin, ils se améliorent en vieillissant.

Marcel Proust accentue également sur cette opinion. L'ensemble de son travail vise à rappeler les ravissements de la réminiscence, voir aussitôt révéler son passé selon le désir d'une sensation toute simple que nous vivons encore une fois et qui suscite d'autres sensations et souvenirs qui lui sont liés dans notre conscience.

Cependant certifier de cette façon que le bonheur se trouve dans le passé, c'est ainsi dire que le bonheur se trouve dans la réminiscence, dans le souvenir d'un bout de temps passé. C'est alors, à dire vrai, au présent que ce bonheur s'expérimente.

Les uniques hypothèses qui mettent réellement le bonheur dans le passé sont éventuellement les différentes opinions imaginaires et religieuses qui représentent un âge d'or révolu. Par exemple, pour la croyance chrétienne, l'homme ne fut heureux que pendant l'époque qui précède le péché originel, cela signifie lorsqu'Adam et Eve jouissaient encore en toute quiétude du jardin d'Eden. À partir du péché originel, l'homme est détenu à la souffrance et au malheur. Il ne pourra, probablement, éprouver une fois de plus le bonheur qu'après la mort.

On pourrait en conséquence clore le tableau avec les opinions qui mettent le bonheur dans l'avenir. C'est certainement la croyance du christianisme, qui certifie l'existence du paradis. Cependant on pourrait aussi observer cette opinion dans les religions. Pour le sociologue Marcel Gauchet, un changement s'est opéré avec la modernité, les religions ont cédé la place aux idéologies.

Pendant que les religions classaient l'idéal dans le passé et donnaient le temps social comme une destruction ou une dégringolade (il fallait alors aimer conserver, honorer la coutume, imiter les ascendants pour tenter de recouvrer la valeur perdue), les idéologies, à contre-courant, mettent le bonheur et l'objectif à aboutir dans l'avenir.

Le temps social et historique est donc entendu comme une amélioration estimée capable de nous rapprocher de cette condition à venir merveilleuse, du grand soir, de ces lendemains qui fredonnent. C'est certainement le cas du communisme qui prédit la venue de la fin de l'histoire et d'une société sans classes, ni Etat, ni délinquance, ni injustice, ni malheur, etc. Cependant c'est également le cas du libéralisme, dans la mesure où c'est également une idéologie qui conseille d'effectuer de quelques sacrifices (admettre une réduction des assistances sociales et une diminution du salaire minimum par exemple) au nom de quelques biens futurs hypothéqués.

Les religions expriment, qu'hier, c'était plus satisfaisant. Les idéologies disent que Demain, ça sera beaucoup plus satisfaisant. Toutes deux se permettent à dire qu'actuellement, quelles que soient les circonstances, nous sommes malheureux.

Comment être heureux ?

Il est inutile de rechercher une formule unique au bonheur puisqu'il dépend aussi des aspirations de chacun et de sa structure de personnalité.

Réussir sa vie, c'est construire un bâtiment en trois dimensions, matériel, relationnelle et émotionnelle. Autrement dit, aboutir à ses fins, tout en garantissant de bonnes relations et une bonne représentation, sans pour autant lâcher son bien-être. Une réussite sociale qui nous laisserait malheureux n'est plus considérée par nos contemporains comme un idéal de vie réussie. Mais aussi les mesures matérielles et relationnelles ont une vraie logique, autant la dimension émotionnelle d'une vie épanouie, avec ses airs instinctifs (nos aliénations) et biologiques (notre caractère) s'avère plus pénible à expérimenter.

Décider de se porter bien. Il est souvent plus simple, moins cher en décision psychologique, d'accepter aller au malheur. A l'opposé, faire continuer le bien-être réclame des efforts. Il y a des disparités nettes entre les hommes relativement à leurs dispositions à se sentir bien.

Et des éléments propres au genre humain. L'évolution paraît avoir maintenu chez nous l'existence de sentiments négatifs, de quoi la fonction est de renforcer les probabilités de conservation de l'espèce. L'inquiétude est profitable à la fuite ou le combat, la colère effraie les adversaires ou les rivaux, la tristesse incite la pitié, etc. Cependant la nature, si elle a eu l'embarras de notre survie, n'a vertigineusement eu celui de notre qualité de vie. L'ombre des émotions et humeurs positives est amplement plus réduit, plus fragile, et d'accès plus chers en termes d'énergie psychologique.

Ne pas laisser trop de place à la sensation de malheur. Si les sensations négatives sont fortuites, peu stables et troublent raisonnablement notre quotidien, on peut espérer qu'elles succombent d'elles-mêmes. Cependant baratiner avec le malheur, mis en valeur particulièrement par le romantisme au XIXe siècle, admet quelques risques que la psychologie se met à mieux étudier.

Laisser manifester une sensation négative risque d'en augmenter la durée. On s'imaginait dans les périodes précédentes à une quelconque conséquence cathartique, Se lamenter aiderait à soulager sa peine, par exemple. Il paraît que cela soit généralement l'opposé, la pleurnicherie répétée et sans réponse peut changer en martyre de la vie. Et le malheur alimente de lui-même, plus on s'y laisse aller, plus on en augmente la durée. En outre, se lâcher à la sensation de malheur va faire passer progressivement d'une émotion négative régulière (on se sent accablé) à une conception négative pérenne (on a une vie infortunée). Finalement, cela facilite le retour des sensations négatives postérieures, le fait est bien absorbé dans la déprime, qui a une très puissante disposition à la récidive, et il a été prouvé en ce qui regarde l'humeur triste quotidienne.

Prendre soin de soi, notamment lorsqu'on ne va pas bien. Encore une vérité ? Oui, cependant mille fois contestée par l'observation. La plupart des soucieux et des découragés font précisément le contraire. Plus ils vont mal, plus ils se malmènent, en ne sortant plus avec leurs amis, en ne exerçant plus leurs loisirs favoris. Et plus ils se malmènent, plus ils vont mal. Effectuer des activités agréables quand on ne va pas bien ne relève pas de la véracité, puisqu'on ne désire pas le faire. Or, tous les œuvres disponibles soulignent qu'il faut relancer cette envie par des efforts initiaux, comme la remise en action d'un moteur qui a calé. Et qu'il ne faut pas se tromper de finalité, quand l'on va mal, l'objectif des activités agréables n'est pas de nous aider à trouver le bonheur, cependant d'éviter le mal-être de s'accroître ou de s'établir.

Pas de souci exagéré de la perfection ni de pensée qui obsède le bien-être. Flaubert, en éloquent le bonheur, écrivait : « As-tu réfléchi combien cet horrible mot a fait couler de larmes ? Sans ce terme-là, on sommeillait plus calme et on vivrait dans une situation confortable. » (in

"Dictionnaire des idées reçues", Maxi-Livres, 2001). Ça ne sert à rien de prendre Gustave mot pour mot, cependant quand même, la quête du bonheur ne doit pas tourner à la monomanie, et le droit au bien-être (figuré d'ailleurs dans la constitution américaine) ne doit pas se changer en devoir de bien-être.

Encore plus du fait que le sentiment de malheur, qui appartient à l'existence, peut quelquefois être nécessaire, en nous faisant penser, et en nous faisant devenir vigilant face aux réalités pénibles. Nous ne pouvons pas défendre sa rencontre, cependant il nous est nécessaire d'en faire un bon usage.

Face aux difficultés quotidiennes, penser, mais ne pas réfléchir beaucoup trop. L'étude du psychisme des anxieux indique qu'ils ont toujours des soucis en tête, cependant que, étonnamment, jamais ils ne les approchent avantageusement, leurs ruminations ne leur fournissent pas d'alternatives. C'est que l'appel du tracas est d'être un avertisseur (attirer notre regard sur une difficulté) et non une manière d'apercevoir le monde ou d'affronter ses problèmes. Voilà la raison pour laquelle l'un des finalités privilégiés des psychothérapies, surtout cognitives, est de mener les gens à regarder leurs malheurs comme des difficultés à surmonter et non comme des fatalités.

Ne pas s'alimenter de sensations hostiles. Une majeure partie de notre malheur découle de la position exagérée que nous faisons aux sensations hostiles. Elles sont des fois d'une très grande force et tournées en opposition à des personnes définies (rancune, amertume, jalousie, etc.). Généralement, elles croissent parce que nous favorisons notre besoin d'avoir raison (Ils ont tort, ils doivent être sanctionnés) à notre désir de nous sentir bien. Dans d'autres cas, ces sensations négatives viennent de la susceptibilité à l'égard des imperfections du genre humain, et font placer une vision délicate ou insolente sur le monde et ses habitants. L'absence de bienveillance est généralement affirmation de mal-être, et souvent source de malheur.

Apprécier les périodes de bonheur. La préférable des armes contre le malheur, et la plus bonne à utiliser, c'est sûrement de jouir encore mieux des bons temps que nous fait cadeau l'existence. Apprécier le bonheur quand il y est, le renforcer, l'accroitre symbolise un très bon vaccin contre la sensation de malheur. Vous n'empêcherez possiblement pas la maladie, cependant ce sera sous une forme réduite. Comme toujours, ce n'est pas si simple que cela semble. Le philosophe André Comte-Sponville exprime très clairement de tout l'encombrement qu'il y a de trouver le bonheur lorsque tout va bien. N'espérons pas le malheur pour nous évoquer que la vie peut être belle et pour plaindre de ne pas en avoir mieux exploité.

CHAPITRE 16

DONNER ET RECEVOIR

L'univers est mené par un ensemble de lois et de principes. Donner et recevoir est une loi qui reste identique à soi-même, digne de louange et qui s'étend à tout. Ce qu'on donne prend vie et change celui qui l'a reçu. Cette loi s'étend à tous les angles de la vie. Par conséquent, la vie se transforme en un cycle.

Nous traversons une époque où la condition socio-économique résultera beaucoup plus difficile cette satisfaction de donner et cette allégresse de recevoir.

Donner est un avantage, puisque pour être dans cette place, il faut dans un premier temps avoir reçu et être prêt à transmettre. Assurément, on ne peut donner que ce que l'on a reçu, cependant on a tous reçu à l'opposé de ce que l'on pense habituellement. Ne serait-ce que la vie. Et également l'occasion de sourire, de tendre une main, d'auditionner, d'exprimer une parole de circonstance, de serrer une personne dans ses bras, d'exprimer son amour, de donner un bisou.

Donner est alors une ordonnance de cœur plus qu'une passation de biens. Donc, nous pouvons tous donner et admettre de recevoir. Cependant incroyablement pour transmettre, il faut dans un premier temps être au clair sur ce que la vie nous a déjà donné en étant le plus objectif possible. De cette réception enchaîne la succession de notre habitude et l'intensité de notre bonheur de donner.

Donner est indispensable dans une relation. Aucun de nos liens, qu'il soit personnel ou professionnel, ne peut avancer et être convenable à moyen et long terme si nous ne donnons pas continuellement de nous-mêmes, sans espérer quoi que ce soit en retour. Ce don ne doit pas forcément être matériel; il peut être accordé dans un sourire, un temps d'écoute, de la compréhension, de l'affection, de la gratitude, un coup de main, de renfort pour un projet, notre participation à partir d'un talent ou de notre capacité, un cadeau fait maison, un remerciement, une attention, etc. Lorsque nous donnons de manière saine, non seulement nous participons à faire du bien à l'autre et à la relation, cependant nous percevons un sentiment de gagner quelque chose pour soi en entretenant le meilleur de soi. Cette espèce de don fait amuser notre âme et satisfait notre être. Pourtant, l'acte de donner n'est fortifiant et ne fournit un bonheur intense que s'il est fait dans le respect de nos limites, du balance donner-recevoir et sans arrière-pensée.

Donner, c'est semer et recevoir c'est moissonner. De cette manière-là, ce qu'on donne, reprend vie sur un autre air. Un grain semé dans la bonne terre endure de nouvelles transmutations avant qu'il se duplique. Il détériore, il se met à pénétrer la terre, il grandit graduellement, il se duplique et donne chacun son tour de nombreux grains. Tout bon agriculteur bénéficie continuellement du moment propice et il sait lorsqu'il doit semer telle graine ou telle graine. Il sait également que chaque graine est propre à son genre. La nature utilise la notion du temps également bien que nous. La nature n'est pas incohérente.

Rien n'est immobile. Tout appartient à un système. Pour saisir quelques choses il ne suffit pas d'examiner un seul facteur. Il faut l'examiner comme un ensemble. Un iceberg est plus grand que la pointe que nous voyons. Un seul mouvement est la produit de plusieurs. Tous nos mouvements comptent.

Quelques sages de cette société trouvent plus de joie à donner qu'à recevoir. Ils consacrent leur temps dans les soucis de l'humanité. Ils savent lorsqu'ils doivent soutenir les autres. Mère Teresa est un modèle, un exemple de la charité. Partout, elle faisait bienfaisance aux pauvres, aux démunis et les défavorisés. Tout au long de son existence et même après son décès, elle est la représentation de la paix, de l'amour, la joie et la sérénité. Beaucoup sont ceux qui contribuent dans les nécessités de l'humanité. D'autre part, ce sont les héros et les héroïnes dans le silence.

En faisant allusion au cycle de l'eau, la pluie ne tombe pas sans avoir fait réaction sur la nature. Par conséquent, tout ce qu'on donne, fait une grande réaction sur celui ou celle qui le reçois. Savoir donner rétablit les malades, délivre une nation, une vie, rapporte l'espoir. Soutenir les autres, produit de la joie au cœur, fournit du bonheur, la santé et la sensation de bien-être.

Les saintes écritures nous dit: *Tout ce que vous voulez que les hommes fassent pour vous, faites-le de même pour eux.* Cette loi nous prévient sur notre entendement et notre conduite envers les autres. Si vous voulez qu'on vous aime, aimez d'abord les autres. Si vous voulez qu'on vous fasse du bien, en premier lieu faites du bien aux autres. Bien sûr, chaque personne est garant de ce qui lui touche dans la vie. C'est comme une force magnétique qui captive certaines choses vers elle.

Le plus important, c'est que la charité bien ordonnée commence par soi-même. Aimez-vous autant que vous pouvez. Accordez-vous du temps. Soyez bienveillant envers vous-mêmes. Et, excusez-vous. On ne donne pas ce qu'on n'a pas. Et, on ne reçoit pas ce qu'on n'a pas donné.

Notre tendance à donner et recevoir est au cœur de notre expérience de la prospérité.

Recevoir et donner sont comme les deux façades d'une même pièce, les pôles d'une même énergie qui se déplace, tel est le flux normal de l'existence. Si l'une des polarités vient à immobiliser ou à prendre une position inacceptable, c'est tout le système qui est troublé.

Nous avons tous reçu certaines aptitudes ou certaines intelligences que nous exploitons et répartissons sans embarras parce que nous l'avons déjà en très grande quantité, et nous recevons ordinairement l'estimation et l'élévation en échange. Cependant nous avons tous aussi des carences, ou reçu trop peu dans certaines autres choses, ce qui engendré de l'inquiétude et une instabilité entre ce qui peut être reçu et ce qui peut être donné.

Je vous exhorte à observer soigneusement votre propre stabilité entre donner et recevoir. L'obstacle le plus habituel est la difficulté à recevoir. Et cette difficulté peut prendre des allures inimaginables, tels que l'excès de donner qui finit par vous mettre à sec ou en amertume. Il existe pas mal de raisons qui peuvent être la cause de cela, telle que nos conditionnement culturels (donner est éthiquement plus important que recevoir) ou familiaux, et une énorme plateforme d'opinions que nous conservons sur nous- mêmes et la société dans laquelle nous vivons.

Pour faire repartir cycle de donner-recevoir, le premier pas, et certainement le plus utile est de développer le langage de votre reconnaissance pour ce que vous recevez présentement. Lorsque vous prenez de l'eau à la source de la vie, ne serait-ce que l'air que vous respirez, et la nourriture que vous absorbez, vous vous mettez à saisir que rien de cela ne se met en stock. Il est plus attirant et productif de penser par rapport au flux, et non pas en terme de possession. Toute chose que vous recevez doit être redistribuée d'une manière ou d'une autre, c'est de cette façon que la Vie se poursuive, et nous appartenons à ce mouvement.

Le donner et le recevoir ne peut qu'être envisagé à l'échelle la plus étendue possible, lorsque je donne, ce n'est pas de cet individu en particulier que j'espère un retour. C'est la vie elle-même qui se consacre de mettre en branle le flux du retour.

Lorsque je donne, c'est le fait de donner qui compte, plus que la chose ou le service rendu. C'est le rapport avec nos semblables et avec nous-mêmes que nous enchérissons, en donnant nous nous sentons en vie, avoir un emplacement et une partition à exécuter dans le grand spectacle de l'univers. Également, accepter de recevoir de façon juste, c'est donner à l'autre l'occasion de donner, et de faire l'expérience en conséquence de sa propre valeur. N'est-ce pas la belle offre que vous puissiez lui faire?

Remettre en place l'équilibre entre le donner et le recevoir est une des clés les plus signifiants pour mettre en branle le cycle de la prospérité.

L'un des secrets de l'allégresse est de découvrir un équilibre entre donner et recevoir. Entre le plaisir d'offrir et le bonheur de recevoir.

Savoir donner avant de recevoir et donner sans espérer quoi que ce soit en retour appartiennent au chemin qui conduit au bonheur. Temps, argent, amour ou objet, lorsque vous donnez à une personne, faites-le sans rien demander en retour. N'espérer pas à recevoir la même chose en retour, ni de la personne à qui vous donnez, ni de quiconque. La bonne nouvelle, c'est que la vie est bien faite et qu'elle sait donner, elle également, de manière inconditionnelle. Et que chacun sur terre en fait un jour ou l'autre l'expérience.

Donnez beaucoup. Donnez peu. Mais donnez toujours.

Donnez, et il vous sera donné: on versera dans votre sein une bonne mesure, serrée, secouée et qui déborde; car on vous mesurera avec la mesure dont vous vous serez servis. Donner et vous recevrez toujours la juste récompense de ce que vous avez fait. Il y a plus de bonheur à donner qu'à recevoir.

Quand on se sent forcé à donner, cela ne fournit pas de joie. Cependant quand on donne parce qu'on a vraiment envie de donner, on trouve le bonheur.

Le bonheur ne se trouve pas seulement dans le geste généreux qui se définit comme tout donner en échange de rien.

Recevoir est également un droit, c'est une nécessité qui donne du souffle au cœur et qui bâtit les piliers essentiels de la réciprocité.

Apprendre à faire l'expérience du plaisir et la joie de recevoir est utile, puisque c'est un geste de générosité. Pourquoi ? Vous autorisez de la sorte à la personne qui vous donne d'expérimenter sa propre valeur ; vous lui laissez l'occasion de donner et de percevoir le bonheur d'offrir.

Admettre de recevoir, c'est une pratique dont tout le monde profite, vous avez la gaieté de recevoir un présent et la personne qui vous l'offre, celle de vous rendre heureux. Admettre de recevoir, c'est alors donnant-donnant.

Donner et recevoir fait partie de l'équilibre de l'énergie de l'être humain qui permet l'harmonie dans son travail, ses relations et son environnement. Que signifie donner et recevoir? Cela signifie que la plupart des expériences dans le monde fonctionnent sur la base d'un échange, il est essentiel que vous donniez quelque chose à recevoir plus tard. Par exemple si vous voulez recevoir l'amour, le respect, l'amitié, etc. Vous devez donner la même chose aux autres, acquérir un objet que vous devez payer, que vous deviez travailler. La terre est toujours prête à vous répondre lorsque vous semez et prenez soin de vos plantes.

Parfois, les entreprises qui gagnent le plus d'argent sont critiquées à tort, nous devons nous demander (combien ces entreprises donnent à la société?). Il est clair qu'ils offrent beaucoup, même certains vont un peu plus loin grâce à une grande responsabilité sociale.

Si vous donnez avec amour et ouvrez votre cœur pour recevoir, alors vous trouverez le bonheur. Donner avec amour signifie ressentir une grande joie à bien faire les choses, avoir un grand esprit de service, agir de façon désintéressée, maintenir une bonne attitude la plupart du temps. Si vous agissez avec beaucoup d'amour, alors votre cœur sera ouvert à recevoir et vous apprécierez un grand équilibre.

Si tout le temps vous ne donnez et ne recevez pratiquement jamais, alors vous sentirez un déséquilibre et ce sera un message clair de faible estime de soi. Lorsque vous donnez le droit de recevoir et que vous devez l'exiger, comme c'est le cas lors de l'achat d'un produit, si vous remarquez que quelque chose ne va pas, vous faites la demande correspondante, bien sûr de manière polie.

Les gens qui donnent seulement ne remplissent pas leur mission de manière adéquate, parce qu'ils encouragent l'égoïsme chez les autres. Regardez les maisons où la mère devient habituellement l'esclave des autres, c'est inadéquat. Il est clair que donner est de la joie, mais si vous allez à l'extrême, alors vous n'aurez jamais le temps de vous donner et de recevoir des autres.

Si vous recevez seulement, c'est aussi inapproprié, parce que vous n'échangez pas votre énergie et que vous acquérez une dette interne, que vous devrez payer plus tard, un exemple clair de corruption et d'activités illicites, certaines personnes s'enrichissent par ces moyens, mais qu'est-ce qui arrive à cet argent? Il disparaît généralement rapidement et les gens sont à nouveau dans une mauvaise situation. La réponse est claire, ils jouissaient d'une énergie qu'ils n'avaient pas payée.

C'est pourquoi l'un des fondements de la richesse est de faire un usage adéquat de l'énergie, en essayant à tout moment de donner beaucoup plus que ce qu'on s'attend à recevoir, donc la conviction de l'abondance sera accablante.

Cherchez à donner et à recevoir afin que le flux créatif se manifeste en vous. Regardez attentivement la nature, les êtres vivants donnent et reçoivent, ainsi il arrive avec les plantes et tous les animaux, cet équilibre permet que le flux créatif de continuer à s'exprimer, avec l'être humain la même chose se produit, si vous voulez atteindre la grandeur appliquer ce principe de la nature.

La troisième loi spirituelle du succès est la loi de donner. On pourrait aussi appeler cela la loi de donner et de recevoir parce que l'univers fonctionne à travers un échange dynamique. Rien n'est statique.

Notre corps est en échange dynamique et constant avec le corps de l'univers; notre esprit maintient une interaction dynamique avec l'esprit du cosmos; notre énergie est une expression de l'énergie du cosmos.

L'univers fonctionne à travers un échange dynamique. Donner et recevoir sont des aspects différents du flux d'énergie dans l'univers. Et si nous sommes disposés à donner ce que nous cherchons, nous garderons l'abondance de l'univers qui circule dans notre vie.

La responsabilité de mettre la Loi en mouvement est la nôtre et elle a à voir à comprendre que pour circuler librement dans notre expérience, nous devons d'abord nous voir comme des donneurs. Cela peut signifier un changement complet dans notre façon de voir la vie, car nous croyons souvent que notre prospérité dépend davantage de recevoir que de donner. Mais pour la personne intègre, la vie est un processus de donner.

Être un donneur est une attitude envers la vie. Il y a beaucoup de moyens par lesquels nous pouvons poursuivre notre donner. Être donneur c'est savoir que la vie ne consiste pas seulement à acquérir et à prendre; c'est la conscience satisfaisante que notre but est d'exprimer. Quand vous faites bien votre travail, sans penser à savoir s'ils vous paient bien ou mal, vous faites de votre mieux. Mais si vous ne pensez qu'à recevoir le chèque et faire le minimum possible (sous prétexte que vous êtes sous-payé), vous ne faites que prendre.

Chaque fois que je rencontre quelqu'un, je le souhaiterai en silence, de la joie, du bonheur et du bien-être.

Parfois nous pouvons penser: Mais quel avantage vais-je en tirer? Quand nous donnons le meilleur de nous-mêmes, nous activons la Loi de Donner et de Recevoir et par cette loi, nous devons recevoir le meilleur de l'Univers. Si nous donnons le moins possible, la vie nous en donnera le moins possible. Et si nous donnons aux autres avec amour et recevons des autres avec gratitude, notre bien reviendra multiplié, c'est la Loi.

Généralement, il y a deux types de personnes dans la vie: ceux qui donnent et ceux qui reçoivent. Ceux qui reçoivent sont des gens qui croient que leur vie sera toujours la somme de ce qu'ils peuvent accumuler dans le monde. Ils pensent toujours à l'acquisition, l'acquisition, l'acquisition. Ils pensent toujours à des moyens d'obtenir plus d'argent, d'amour, de bonheur et de toutes sortes de bien, mais peu importe combien ils acquièrent, ils en viennent rarement à connaître la paix et la satisfaction. Ceux qui donnent, d'autre part, sont convaincus que la vie est un processus de donner. Par conséquent, cela les motive à donner avec amour, avec un esprit de service, pour être utile, pour aider autant que possible. Ils se sentent toujours en sécurité, car ils savent intuitivement que le bien circule de l'intérieur.

Le flux de la vie n'est rien d'autre que l'interaction harmonieuse de tous les éléments et des forces qui structurent le champ de l'existence. Cette interaction harmonieuse des éléments et des forces de la vie opère à travers la loi de donner. Puisque notre corps, notre esprit et l'univers maintiennent un échange constant et dynamique, ralentir la circulation de l'énergie revient à ralentir le flux sanguin.

Lorsque le sang cesse de circuler, il commence à se coaguler et à stagner. Par conséquent, nous devons donner et recevoir afin de maintenir la richesse et l'absence ou tout ce que nous voulons dans la vie, circulant en permanence.

Le mot absence vient de la racine latine afuere qui signifie s'écouler vers. Le mot absence signifie «couler en abondance». L'argent est vraiment un symbole de l'énergie vitale que nous échangeons, et de l'énergie vitale que nous utilisons comme conséquence du service que nous donnons à l'univers. L'argent est également appelé devise, un nom qui reflète également la nature fluide de l'énergie.

Le mot "courant" vient du mot latin "cúrrele" qui signifie courir ou fuir. Donc, si nous empêchons la circulation de l'argent, si notre seule intention est de monopoliser l'argent et de s'y accrocher, nous empêcherons aussi, puisque l'argent est une énergie vitale, qu'il circule de nouveau dans notre vie. Pour que cette énergie circule constamment vers nous, nous devons la maintenir en circulation. Comme une rivière, l'argent doit rester en mouvement, sinon il commence à stagner, à obstruer, étouffer et étrangler sa propre force vitale. La circulation vous maintient en vie et vitale.

Chaque relation est une relation de donner et de recevoir. Donner engendre recevoir, et recevoir engendre donner. Ce qui monte doit descendre; ce qui s'en va doit revenir. En réalité, recevoir est la même chose que donner, parce que donner et recevoir sont des aspects différents du flux d'énergie dans l'univers. Et si nous arrêtons le flux de l'un des deux, nous entravons l'intelligence de la nature.

Dans chaque graine est la promesse de milliers de forêts. Mais la graine ne doit pas être thésaurisée; elle doit donner son intelligence au sol fertile. À travers son action de donner, son énergie invisible coule pour devenir une manifestation matérielle.

Plus nous en donnons, plus nous recevrons, car nous garderons l'abondance de l'univers en circulation dans notre vie. En réalité, tout ce qui a de la valeur dans la vie ne se multiplie que lorsqu'il est donné. Ce qui n'est pas multiplié en donnant, ni en donnant de la valeur, ni en méritant d'être reçu. Si en donnant nous sentons que nous avons perdu quelque chose, le cadeau n'a pas été donné en réalité, et alors il ne générera pas l'abondance.

Quand nous donnons à contrecœur, il n'y a pas d'énergie derrière notre acte de donner.

La vie est paradoxale, elle vous demande d'apprendre à donner juste ce que vous désirez ardemment et qui viendra à vous, tôt ou tard, de manière insoupçonnée, de la manière la moins attendue, mais à la fin cela viendra. Et si cela ne vient pas à votre vie, cela signifie que la vie a de meilleurs plans pour vous.

En donnant et en recevant, la chose la plus importante est l'intention. L'intention doit toujours être de créer du bonheur pour celui qui donne et pour celui qui reçoit, parce que le bonheur tient et soutient la vie et, par conséquent, génère l'abondance. La rétribution est directement proportionnelle à ce qui est donné, lorsque l'acte est inconditionnel et vient du cœur. Par conséquent, l'acte de donner doit être joyeux, l'attitude mentale doit être telle que l'on ressent de la joie dans l'acte même de donner. De cette façon, l'énergie qui est en train de donner augmente plusieurs fois de plus.

En réalité, pratiquer la loi de donner est très simple. Si nous voulons la joie, donnons de la joie aux autres; si nous voulons l'amour, apprenons à donner de l'amour; si nous désirons l'attention et l'appréciation, nous apprenons à faire attention et à apprécier les autres; Si nous voulons de la richesse matérielle, aidons les autres à atteindre cette richesse. En fait, la façon la plus simple d'obtenir ce que nous voulons est d'aider les autres à obtenir ce qu'ils veulent.

Ce principe fonctionne aussi bien pour les personnes, les entreprises, les sociétés et les nations. Si nous voulons recevoir le bénéfice de toutes les bonnes choses de la vie, apprenons à souhaiter silencieusement au monde toutes les bonnes choses de la vie.

Même la simple idée de donner, le simple désir, ou une simple prière, ont le pouvoir d'affecter les autres. C'est parce que notre corps, réduit à son état essentiel, c'est un faisceau individuel d'énergie et d'information au sein d'un univers d'énergie et d'information. Nous sommes des faisceaux individuels de conscience au sein d'un univers conscient. Le mot conscience implique beaucoup plus que l'énergie et l'information, implique une énergie et une information qui vivent sous la forme de la pensée. Par conséquent, nous sommes des faisceaux de pensée au milieu d'un univers pensant. Et la pensée a le pouvoir de transformer.

La vie est la danse éternelle de la conscience, manifestée comme un échange dynamique d'impulsions d'intelligence entre le microcosme et le macrocosme, entre le corps humain et le corps universel, entre l'esprit humain et l'esprit cosmique.

Quand nous apprenons à donner ce que nous cherchons, nous activons cette danse et sa chorégraphie avec un mouvement exquis, énergique et vital qui constitue le battement éternel de la vie.

La meilleure façon de mettre la loi de donner au travail, d'initier tout le processus de circulation, est de prendre la décision que chaque fois que nous entrons en contact avec une personne, nous lui donnerons quelque chose. Il n'est pas nécessaire qu'ils soient des choses matérielles; ce pourrait être une fleur, un compliment ou une prière. En réalité, les moyens les plus puissants de donner ne sont pas matériels. Les cadeaux comme l'intérêt, l'attention, l'affection, l'appréciation et l'amour sont parmi les plus précieux qui puissent être donnés, et ils ne coûtent rien. Lorsque nous rencontrons quelqu'un, envoyez-lui en silence un bon souhait pour sa joie, son bonheur et son bien-être. Cette forme de générosité silencieuse est très puissante.

L'une des choses qui m'a été enseignée dans mon enfance, et que je tiens aussi enseigner à mes enfants, c'est de ne jamais rendre visite à quelqu'un sans l'apporter quelque chose, nous ne rendons jamais visite à quelqu'un sans lui faire un cadeau. Cependant, on pourrait se demander: Comment puis-je donner des cadeaux aux autres si maintenant je n'en ai même pas assez pour moi?

Nous pouvons donner une fleur; une seule fleur. Nous pouvons apporter une note ou une carte qui exprime quelque chose sur nos sentiments envers la personne que nous visitons. Nous pouvons apporter un compliment. Nous pouvons apporter une prière.

Prenons la décision de donner partout où nous allons, et à n'importe qui nous voyons. Pendant que nous donnons, nous recevrons. Plus nous donnons, plus nous aurons confiance dans les effets miraculeux de cette loi. Et comme nous recevons plus, notre capacité à donner augmente.

Notre vraie nature est celle de la prospérité et de l'abondance; Nous sommes naturellement prospères parce que la nature provient à tous les besoins et désirs. Nous ne manquons de rien car notre nature essentielle est pure potentialité, possibilités infinies. Par conséquent, nous devons savoir que nous sommes déjà intrinsèquement riches, indépendamment de combien d'argent nous avons, parce que la source de toute richesse est le champ de potentialité pure est la conscience qui sait satisfaire chaque besoin, y compris la joie, l'amour, le rire, la paix, l'harmonie et la connaissance. Si nous recherchons d'abord ces choses, non seulement pour nous-mêmes, mais pour les autres, tout le reste viendra spontanément à nous.

Maintenant, je donne du bien de moi, de mes talents, de mon argent, de ma compassion. Je donne avec amour et sans attaches, et je reçois avec gratitude et librement, et c'est comme ça.

Nous devons toujours prendre l'habitude de donner avec joie. Donnez avant de recevoir. Quel que soit le type d'énergie que vous allez transformer d'une manière incroyable. Vous pouvez donner votre temps, par exemple, et cela reviendra beaucoup plus tard d'une source inattendue, d'une manière inattendue et d'une manière qui vous profite énormément.

Vous ne pouvez pas insister sur une forme et une heure particulières dans lesquelles vous reviendrez, mais vous pouvez être sûr qu'il reviendra vers vous de la meilleure façon. Donner, donner, donner. Et nous devons donner librement et avec joie.

C'est l'énergie qui se cache derrière ce qui compte alors n'abandonnez pas à contrecœur. La loi de cause à effet garantit que vous recevrez ce que vous donnez.

La vie est à donner. Donnez ce que vous avez de votre temps, argent, sourires, amour, compliments, n'importe quoi et vous recevrez ce que vous n'avez pas avec vous. Donner avec luxe et recevoir reconnaissant. La grâce et la gratitude sont des facteurs énergisants de donner et de recevoir.

En prenant soin de la société et de la nature, vous prenez soin de vous. Partagez et donnez fréquemment à la nature et à la société. Aidez les autres dans la proportion et au point où vous amenez les autres à construire leur richesse afin que vous puissiez construire le vôtre. L'univers est toute énergie. L'énergie circule. Donner favorise ce flux d'énergie en vous mettant en harmonie avec les pouvoirs de l'univers.

Pour tout ce que vous souhaitez avoir, faites en sorte qu'un autre être l'ait en premier et vous commencerez à l'avoir en abondance. Donnez et vous recevrez multiplié.

Développez une prise de conscience qui vous permet d'être attentif et de voir toutes les opportunités où vous pouvez donner quelque chose librement et joyeusement. Vous pouvez donner des choses matérielles et immatérielles, votre temps, vos compétences ou n'importe quoi d'autre.

Débarrassez-vous de l'habitude de penser que vous devriez recevoir avant de donner. Ça ce n'est pas donner, c'est échanger.

Donner librement et joyeusement vous permet de faire des affaires, si vous voulez regarder de cette façon, avec l'univers.

C'est ainsi que cela fonctionne, vous donnez quelque chose que vous avez avec quelqu'un avec liberté et joie. L'univers, par la loi, trouve le meilleur moyen de vous rendre cette énergie sous la forme de quelque chose que vous n'avez pas avec vous.

Il vous revient multiplié, quand c'est le moment le plus approprié de la manière la plus appropriée. C'est un processus magique. Évidemment, plus vous donnez, plus vous créez de la magie pour vous-même. La vie commence à travailler pour vous.

Développer un fort désir et la persistance à donner joyeusement et librement.

Lorsque vous définissez des objectifs, n'oubliez pas d'inclure plusieurs objectifs qui consistent à donner librement et joyeusement. Donner, en vertu de la loi de cause à effet, est l'une des actions les plus puissantes que vous pouvez prendre. Retourne en multiples, sept fois. Vous ne pouvez pas vous laisser partir en abandonnant votre plan de vie. Vous ne pouvez pas laisser cela se produire au hasard.

Développer le fait donner jusqu'à ce que ce soit une habitude, quelque chose que vous faites naturellement sans avoir à y penser. Cela fait de vous un donneur persistant et cohérent et l'univers travaille pour vous.

Donner spontanément. Travaillez avec l'habitude de donner jusqu'à ce que vous ayez le plaisir de donner. Profitez-en complètement.

Il est bon de penser et de savoir que quand vous donnez, vous obtiendrez quelque chose de l'univers. Vous n'avez pas à prétendre que vous n'êtes pas intéressé à recevoir une récompense pour donner. Il est bon d'attendre une récompense. En fait, attendre une récompense donne le pouvoir à la récompense de venir à vous.

La récompense que vous recevez viendra d'une source, à un moment et d'une manière que l'univers trouvera ce qui vous convient le mieux. Tu as toujours quelque chose à donner. Temps, louange, talent, argent, connaissances, partage et vos connaissances, etc.

Donner a un effet de récompense supplémentaire, il vous montre ce que vous avez, mais vous ne saviez pas que vous l'aviez. Aidez où vous le pouvez avec cette connaissance, partagez ce genre de connaissances.

Vous êtes entouré d'opportunités abondantes à donner mais vous ne les voyez que lorsque vous décidez de commencer à les voir. Apprends aussi à recevoir abondamment et heureusement. Ne vous sentez pas mal à l'aise de recevoir. Vous le méritez et vous êtes en harmonie avec la loi de donner et de recevoir.

Offrez votre cadeau gratuitement et avec joie. Montrez votre main. Ne poussez pas. Montrez. Si le destinataire ne veut pas prendre votre cadeau, respectez-le avec joie. Ne soyez pas offensé si votre cadeau n'est pas accepté.

Permettre à l'autre personne d'utiliser pleinement la nature de la liberté de choix et ne pas rendre la personne dépendante de vous. Quand une personne devient inutilement dépendante de vos dons, vous ne lui faites aucune faveur parce que vous réduisez sa croyance et sa capacité en elle-même.

Ici nous avons un scénario probable. Imaginez une personne qui n'a pas beaucoup de biens matériels à donner et à partager avec les autres, mais qui est une personne très aimable et charmante. Donne des milliers de compliments aux personnes qui se présentent sans en recevoir. Soulève l'esprit et la confiance en trouvant des moyens d'encourager et de flatter, mais ne reçoit jamais de compliments de quiconque. Très bien, ne vous inquiétez pas. L'univers garde parfaitement ses comptes.

Le don de cette personne accumule du crédit dans le système universel. Un jour, selon la loi de cause à effet, de donner et de recevoir, la personne reçoit d'une manière ou d'une autre l'objet qu'il a toujours voulu avoir au moment où il en avait besoin, d'une manière qui semble être un miracle.

Vous donnez seulement un peu quand vous donnez vos possessions. C'est quand vous vous donnez que vous donnez vraiment. Que sont les possessions sinon les choses que vous gardez de peur que vous en ayez besoin demain?

Qu'est-ce que la peur de la nécessité sinon la peur en soi? N'est-ce pas la crainte de la soif quand votre puits est plein de soif insatiable? Il y a ceux qui donnent peu de ce qu'ils ont et le donnent pour obtenir la reconnaissance mais leur désir caché rend le cadeau malsain. Et il y a ceux qui ont peu et qui donnent tout.

Gardant toutes les autres choses constantes, un individu ou une société atteindra la richesse et le bonheur dans la mesure où ils partagent et donnent de la bonne manière.

Maintenant, pour ainsi dire, vous savez faire des affaires avec l'univers. L'univers lui-même est un univers de donner parce que la vie est à donner. Vous donnez et recevez sept fois, vous êtes réellement récompensé pour votre gentillesse.

La Source, la Vie, est tout à propos de donner et l'Intelligence qui gouverne l'univers respecte toujours votre action de donner, toujours de toutes les façons.

Donnez avec joie! Tout dans la vie est un cadeau. Surtout en relation avec la richesse et le bonheur, n'arrêtez jamais de faire en sorte que les autres aient de la richesse et du bonheur et vous aurez de la richesse et du bonheur.

Mais qu'est-ce qui est bien de donner? Recevoir. Et qu'est-ce qui se passe avec ça? Gratitude.

Consciemment en utilisant le pouvoir de la gratitude, c'est un aspect extrêmement important pour attirer à vous l'abondance et le bonheur que vous désirez et méritez dans votre vie.

D'abord, explorons la sincérité de la gratitude dans une perspective strictement scientifique et comment, par nos choix individuels pour développer une habitude constante d'exprimer notre gratitude vive, elle promulgue le pouvoir inébranlable de LA LOI UNIVERSELLE pour attirer plus que pour remercier.

Comme nous l'avons découvert dans la loi de vibration, tout ce qui se trouve dans notre univers divisé dans sa forme la plus pure est une masse vibrante d'atomes et de particules subatomiques.

Grâce à la loi de l'attraction, l'énergie (vibrations) qui résonne et le projet basé sur vos pensées, sentiments et émotions qui détermine vos fréquences d'émission de fréquence vibratoire, attire les fréquences d'énergie ou de vibration qui harmonisent ou résonnent avec cette qui détermine les événements, les situations et les circonstances qui vous attirent et, finalement, voir manifeste dans votre vie.

Pour assurer cette relation harmonieuse, il est d'une importance suprême et vitale que je doive donner une place à votre discussion ici et vous donner des instructions que, si vous les suivez, ils vous uniront sûrement dans la pensée avec le pouvoir suprême.

Je vais mettre la loi de donner au travail en m'engageant à faire ce qui suit:

1) J'apporterai un cadeau partout où je vais et pour tous ceux avec qui je suis. Ce cadeau peut être un compliment, une fleur ou une prière. Aujourd'hui, je vais donner quelque chose à toutes les personnes que je rencontre, pour commencer à faire circuler la joie, la richesse et la prospérité dans ma vie et celle des autres.

2) Aujourd'hui, je recevrai avec gratitude tous les cadeaux que la vie me donne. Je recevrai les dons de la nature, la lumière du soleil et le chant des oiseaux, ou les douches printanières ou les premières neiges de l'hiver.

Je serai également ouvert à recevoir des autres, que ce soit un cadeau matériel, de l'argent, un compliment ou une prière.

3) Je m'engage à maintenir l'abondance dans la circulation en donnant et en recevant les dons les plus précieux de la vie: l'affection, l'affection, l'appréciation et l'amour. Chaque fois que je rencontre quelqu'un, je lui souhaite le bonheur, le bonheur et le bien-être en silence.

CHAPITRE 17

DEVENIR FINANCIEREMENT LIBRE

Lorsqu'on dit de quelqu'un qu'il est financièrement libre, cela sous-entend habituellement que cette personne a d'énormes économies ou des rentrés découlant de ses investissements, et a alors l'esprit tranquille en ce qui regarde sa vie financière. Donc, elle obtient la satisfaction de pouvoir faire ce qu'elle veut comme elle veut le faire. La liberté financière contribue à une plus grande sensation de liberté générale, cela signifie d'être en mesure de jouir de la vie et de mener sa vie comme on l'entend. A l'opposé, lorsque les gens connaissent des pressions financières, ils souffrent généralement du stress, de l'anxiété et même des problèmes relationnels. La liberté financière diminue ou fait disparaitre ces conséquences négatives. Comme je dis tantôt l'argent ne fait pas le bonheur, mais il y contribue.

En réalité, toute la notion de liberté financière évolue autour de deux facteurs essentiels, l'argent et le temps. Être financièrement libre veut dire posséder assez d'argent pour pouvoir passer son temps à des choses qu'on souhaite réellement effectuer. Or, généralement, on passe la plus part de ses journées à effectuer des choses dont on n'a pas vraiment envie, cependant qu'on doit effectuer.

Bien sûr, pour un grand nombre de personnes, une dimension sérieuse est la liberté par rapport au travail. Qu'on soit employé ou travailleur autonome, la dure vérité est qu'il faut créer de l'argent pour pouvoir se nourrir, se loger et payer ses dettes. Pour beaucoup de gens, il n'existe pas d'autre choix. Le salarié est forcé d'aller au travail quotidiennement, et son unique espérance de devenir libre un jour, c'est la retraite. Et l'emploi, cela prend beaucoup de notre temps. Et de plus belle, si l'on voit le temps passé dans les trajets pour aller.

A l'inverse, avoir pour but de bâtir sa liberté financière, c'est espérer avoir du temps pour soi. Avoir du temps à se dédier à ses passions, que ce soit se destiner à un art, adopter un sport, effectuer des voyages, travaillé à des actions sociales ou religieuses, etc... C'est choisir d'accomplir ses rêves et de pouvoir effectuer ce que l'on veut lorsqu'on désire. Et notamment, avoir les ressources pour le faire, cela signifie en avoir le temps et les moyens financiers.

La Liberté financière n'est pas forcément la même chose que devenir riche. Évidemment, atteindre la liberté financière englobe d'avoir assez de ressources financières pour pouvoir maintenir son style de vie. Cependant cela ne signifie pas qu'il faut être milliardaire pour y accéder. Tout dépend du train de vie que l'on mène. Quelqu'un qui veut juste une vie modeste, et qui n'aime pas trop les produits de luxe, pourra carrément atteindre la liberté financière avec un capital raisonnable.

Pour être libre financièrement, vous devez le temps, l'argent et l'énergie. C'est d'abord posséder l'argent pour que vous puissiez vous acheter ce que vous désirez, vivre la vie d'après vos propres critères. Avoir le temps pour consacrer à ce qui compte pour vous. Si vous gagnez plein d'argent cependant n'avez jamais le temps pour les personnes que vous aimez ou de réaliser ce qui compte pour vous, et enfin, avoir la vitalité, la santé, l'énergie; à quoi sert ?

Pour parler précisément de liberté financière, il faut approcher deux concepts divers, cependant complémentaires. Bien sûr, on pourrait désigner la liberté financière comme étant juste d'une manière d'administrer son argent qui mènerait à ne plus être sous la tutelle de personne, ni de l'arrivée de son chèque de paie, de son salaire.

En autre termes, on pourrait définir la liberté financière comme un concept plus étendu, une conception complète de son train de vie qui mènerait en toute évidence à ne plus être à la merci de personne d'autre si ce n'est soi-même pour de ce qui a à voir avec l'argent, à la gestion de ses économies.

Comment atteindre la liberté financière ?

Pour être libre financièrement, vous devez exister selon une vérité unique, qui était déjà bien apprise par nos ancêtres : Dépensez moins que ce que vous gagnez. Lorsqu'on reçoit de l'argent, on est toujours tenté de le gaspiller, d'effectuer de nouveaux achats, des projets, de voyage, en négligeant le nécessaire, vos économies.

Épargnez c'est contribuer à votre fortune de demain, à la construction d'un capital de grande valeur.

Si vous déboursez l'intégralité de l'argent que vous recevez, vous tentez d'éprouver des difficultés. Par exemple si vous avez des frais imprévus (comme des dépannages à votre voiture), vous devrez emprunter pour les payer. Les personnes qui vivent de cette façon sont régulièrement stressés au sujet de l'argent. Si vous dépensez plus d'argent que vous n'en recevez, donc vous êtes certainement dans les difficultés. Les personnes qui vivent de cette façon sont dans une condition de calamité incessante.

Quand nous recevons notre paie, nous avons tendance à débourser sans réellement nous réclamer la raison et l'effet de notre action. Ce comportement nous sera nocif si notre objectif est d'atteindre la liberté financière. A l'inverse, nous devons distinguer ce qui est primordial et ce qui est impératif de ce qui ne l'est pas. Si c'est également dans vos coutumes, négligez donc tout ce qui appartient à la dernière classe pour que vous puissiez conserver votre argent pour les plus utiles.

Vous saurez que devrez racheter quelque chose lorsque l'autre sera presque inexploitable ou a été égarée tandis que vous en avez habituellement besoin. Vous devrez aussi penser à une autre choix, à une issue moins coûteuse, si vous deviez acquérir un produit cher. Interdisez notamment de vous générer de nouvelles nécessités et ne conservez que le nécessaire, sans quoi ça vous fera perdre du temps et de l'argent tandis que l'objectif est d'en ramasser. Vous contiendrez cette liberté au terme de ce programme que vous vous êtes déterminé.

Actuellement, avec les cartes de crédit et les facilités de paiement, il est très simple et très attirant de vivre au-dessus de ses ressources. Un grand nombre de personnes dépensent bien sûr plus qu'ils ne gagnent, et ne se rendent même pas compte qu'ils courent à la catastrophe.

Si vous voulez devenir financièrement libre, d'abord vous devez vous libérer de vos dettes. Mettez-vous à vous en décharger, par tous les moyens légaux possibles. Chercher un autre emploi mieux payé, si vous constatez que votre capacité financière présente ne vous autorisera pas cette libération. Dans l'idéale, quand tout sera effacé, effacez désormais l'emprunt de vos coutumes et essayez de vous en sortir à chaque fois avec ce que vous possédez.

Prenez conscience de vos revenus comme vos dépenses. Et comme les sorties sont presque constamment plus nombreuses que les revenus, il vous faut vous en occuper plus effectivement. Pour se faire, classez toutes vos dépenses et tenez à chacun un budget. On les dénommera les enveloppes, une pour les dépenses de la maison, une autre pour les aliments, une autre pour le transport, une autre pour les études si vous en faites, une autre pour les divers remboursements ou les dettes si vous en avez encore, etc. Vous avez le droit évidemment d'avoir également une enveloppe pour vos petits fantaisies et vos loisirs, cependant il faudrait se serrer la ceinture si vous voulez arriver à bon port de votre défi.

Calculez, cependant ne procédez pas selon vos désirs, puisque vous ne pouvez pas encore vous l'accorder. Ne placez dans ces enveloppes que le petit essentiel et donc, vous pourrez voir ce qu'il vous reste d'excédent. Placez une petite marge si vous voulez, cependant soyez juste avec vous-même.

Faites chaque mois des épargnes si vous voulez vivre plus tard dans la liberté financière. Prélevez cet épargne du moment que vous recevez votre paie avant de distribuer le reste dans les enveloppes. Cet argent vous pourrez l'utiliser postérieurement, surtout par des placements. Il agrandira si vous le profitiez sérieusement. Votre épargne découle alors de votre paie, auquel vous aurez enlevé votre budget qui devrait déjà honorer le premier principe, la priorisation des dépenses.

Dans tout projet, il faut un programme, normalement relatif à la chronologie pour pouvoir constater les avancées ou les retards dans la durée. Vous devez clarifier tous les points qui sont attachés de près ou de loin à votre budget. Quand attaquez-vous et par quoi? Combien devez-vous dépenser mensuellement et combien devrait-il rester dans votre compte bancaire ? Dans quoi investirez-vous ultérieurement? Évidemment, il peut y avoir des permutations en route, cependant faites qu'ils soient constamment bien étudiés, c'est pour cette raison l'affluence des limites est importante. Vous devez aussi programmer pour lorsque vous générerez ou accomplirez votre capital, et quelle somme vous voulez toucher pour cette année et pour les suivantes. Un plan exact, à suivre mot pour mot, est alors essentiel.

Je m'adresse notamment aux personnes de revenus plus ou moins bas, cependant qui ont un grand rêve, on leur suggère d'accroître leurs rentrées. Pour y accéder, elles devront profiter les différents investissements qui feront augmenter leur argent. Ils peuvent aussi investir dans les incalculables secteurs économiques, en examinant ceux qui sont agréables dans leur milieu. Et bien sûr, ces gens pourront se mettre à chercher un emploi qui pourrait leur rapporter plus qu'auparavant.

Conserver son argent au chaud ne conduira pas bien loin. Il faut courir le risque de les investir, et ce ne sont pas les options qui manquent. Il sera essentiel à ce niveau d'être compétent au terrain pour pouvoir attraper les occasions qui se présentent, pour pouvoir faire grandir très vite son capital et arrêter les pertes d'argent. Faites des investigations dans le secteur de l'immobilier, le foncier, l'industrie pharmaceutique, les nouvelles technologies, etc. Les plus intrépides pourront s'élancer dans la bourse. Possible aussi, l'acquisition d'action dans de grandes sociétés, cependant ce sera pour lorsque vous aurez réuni assez d'argent, puisque la somme nécessaire sera très élevée. Autrement, il existe Internet et les multiples portes qu'il a ouverts pour les activités fructueuses.

Il n'y a aucune meilleure alternative d'atteindre la véritable liberté financière qu'en mettre en place sa propre entreprise. La compétition est importante où que vous alliez, sauf si vous offrez des produits innovants ou satisfaites des besoins qui n'ont pas encore été examinés. Vous pouvez aussi en générer de nouveau. Autrement dit, il vous faudra faire preuve d'imagination et d'authenticité. Ne pensez pas que le marché soit saturé, prenez symbole sur ceux qui viennent d'apparaître. Entendez leur histoire et générez la vôtre. Dans la vie, sachez que tout est possible.

Qui sait si à la place de vous en tenir à une liberté financière cohérente vous deveniez plus riche. Et après, si vous voulez cesser de travailler vous pouvez céder votre entreprise pour jouir absolument de l'argent que celle-ci vous aura permis de gagner. Cependant notamment ne vous assoupissez pas sur ces rêves, il faut penser, imaginer, œuvrer, étudier et se remettre debout avant d'y arriver.

Mettre en application tous ces instructions engage une grosse tâche qui se présentera incontestablement sur de longues années. Armez-vous de ce fait de cette audace, de ténacité et ne quittez pas l'objectif des yeux ou de préférence de vos pensées. Autorisez-vous à travailler courageusement et vous verrez le résultat de vos efforts apparaître peu à peu et plus tard à grandes enjambées. Réaliser des voyages et communiquer réciproquement pour voir comment font les autres et pour apercevoir où vous pourrez gagner un maximum dans la filière qui vous concerne.

Mettre au point un bon programme à chaque fois que vous vous entrez dans un marché ou à une étape spécifique, instruisez-vous plus quotidiennement pour vous affiner et pour pouvoir prévenir les escroqueries, tirez des leçons de vos erreurs et développez vos armures si le résultat met du temps à se faire sentir. Ne jamais laisser tomber afin de ne pas regretter. Et encore, soyez constamment positif et prenez toujours soin de votre santé.

Si vous avez une quelconque capacité, c'est le moment d'en prendre compte et de le profiter, puisque un grand nombre de personnes ont certainement arrivé dans ce sens, peintre, écrivain, chanteur, producteur, etc. Donc, vous pourrez vivre de vos talents en mettant en vente vos travails. À ce stade, ce serait certainement l'indépendance financière vu que vous avez la totale main mise sur vos revenus et vos dépenses.

Et lorsque vous en aurez gagné une importante somme, inutile de vous obstiner. Appréciez la vie et jouissez inévitablement de chaque moment. Faites tout ce que vous aviez déjà eu désir de faire avant. Sachez utiliser donc votre temps libre, notamment si vous avez cessé de travailler, surtout en vous occupant plus de vous-même aussi de vos proches. La commodité et le bien-être devraient vous être plus abordables à ce moment-là.

La liberté financière se bâtit graduellement et se programme. Premièrement, il s'agit d'ériger des rentrés qui succéderont l'argent qui découlait du salariat. Cependant il faut également réfléchir sur le long terme et avoir un programme bien établi. Bien sûr, celui qui choisit de quitter la sécurité d'un emploi salarié pour vivre son rêve, doit réfléchir à l'échelle de toute son existence. Il doit surtout se garantir qu'il continuera à avoir un revenu quand il sera vieux, et avoir une assistance sociale qui garantira les frais de santé. D'autre part, il ne faut pas oublier de réfléchir aux indéterminés frais d'éducation des enfants. En conclusion, c'est la prévision et l'entendement qui aident à être réellement libre des problèmes d'argent.

Cependant ne croyez pas que cela ne regarde que certaines rares personnes. Tout le monde devrait réfléchir à édifier une indépendance financière. Même si vous ne cessez de travailler, les crises économiques et financières que nous éprouvons vous ont sûrement présenté à quel point la stabilité de l'emploi est éphémère. Tout peut survenir, et nul n'est à l'abri d'un imprévu. Je pense que c'est la responsabilité de chaque individu d'élargir autant qu'il peut son indépendance financière, et ne pas compter sur l'assistance de son gouvernement.

De ce fait, pour accéder à la liberté financière, il faut avoir des sources de revenus autres que l'emploi. C'est ce que l'on dénomme les revenus passifs et les revenus alternatifs.

Un revenu passif à l'inverse d'un revenu actif, est de l'argent que vous gagnez sans devoir y sacrifier votre temps. Tandis que la majorité des gens transforment leur temps en argent (un salaire), il existe des individus qui génèrent de la richesse à partir de nombreuses sources de revenus passifs. Ces gens reçoivent de l'argent 24h sur 24 et 7 jours sur 7, et l'argent apparaît sur leur compte en banque même durant leur sommeil ou lorsqu'ils sont en voyage. Si vous êtes en quête de l'indépendance liberté financière, vous devez apprendre à réfléchir et agir comme eux, dans le but de vous mettre en place un ensemble de revenus passifs.

En réalité, il y a peu de revenus qui soient complètement passifs, sauf les intérêts que redonne de l'argent placé sur un compte en banque et les investissements mobiliers. Cependant dans quasi tous les autres cas, il y a pourtant un peu de travail à réaliser à un moment ou un autre, ne serait-ce que pour faire le choix de l'investissement et l'inspecter. Cependant lorsqu'on parle de revenu passif, c'est-à-dire que ces revenus sont déliés du temps qu'on leur consacre.

L'immobilier est une bonne source de revenus passifs et, à titre personnel, c'est ma préférée.

Mensuellement, vous percevez des loyers et votre travail se consacre à observer votre compte en banque pour constater que l'argent y a bien été déposé. Cependant lorsqu'il y a des réparations à réaliser, ou qu'un locataire choisit de partir il faut pourtant bien y sacrifier un peu de temps. Heureusement, c'est rare.

Les revenus alternatifs sont toute autres sources de revenus engendrés par une activité qui ne soit pas le travail principal. Cela peut prendre toutes les formes que l'on veut, et surtout la création d'une entreprise. Dans ce domaine, internet offre des possibilités qui n'existaient pas jusqu'à il y a peu. Il est parfaitement possible de concevoir un ou plusieurs sites internet qui ramènent de l'argent. Le site peut vendre 24h sur 24, même durant votre sommeil.

En réalité, vous ne serez réellement libre que si vous faites de l'indépendance financière une vision majeure de votre vie, et que vous faites des efforts pour y arriver. La question est de savoir ce que vous désirez réellement, dépenser votre argent maintenant pour procurer le dernier gadget à la mode, ou économiser et investir.

La majorité des personnes qui ont parvenu à une liberté financière ont fait des sacrifices à court terme pour gagner des profits à long terme, quand ils étaient en train de bâtir les bases de leur fortune. Non seulement ils investissent une part proportionnellement énorme de leurs rentrés, cependant ils résistent au désir de gaspiller ce que leur ramène leurs investissements. Finalement, le plus utile est l'aptitude à donner l'avantage à l'investissement de préférence qu'à dépenser.

Avoir pour but d'avoir des revenus passifs qui vous font recevoir de l'argent même durant votre sommeil, ne signifie pas que vous n'avez pas besoin de travailler dur. En réalité, contrairement aux revenus actifs (salaire), vous devrez éventuellement travailler tellement dur, et possiblement même encore plus dur, pour mettre en place une source de revenu passif. Cependant les profits en seront amplement plus grands, une fois que vous avez conçu une source de revenu passif, celle-ci continuera de travailler pour vous, même quand vous arrêterez d'y travailler. A l'opposé, le revenu qui découle d'une activité se stoppe du moment que vous arrêtez de travailler.

Pour concevoir une source de revenu passif, vous devez alors être disponible à travailler dur pour y aboutir. Cependant une fois que le dispositif aura accéder à sa vitesse de croisière, vous ne devrez plus vous en occuper que parfois et vous pourrez vous dédier à vos passions.

www.ingramcontent.com/pod-product-compliance
Lightning Source LLC
Chambersburg PA
CBHW020647220526
45464CB00001B/324